U0121422

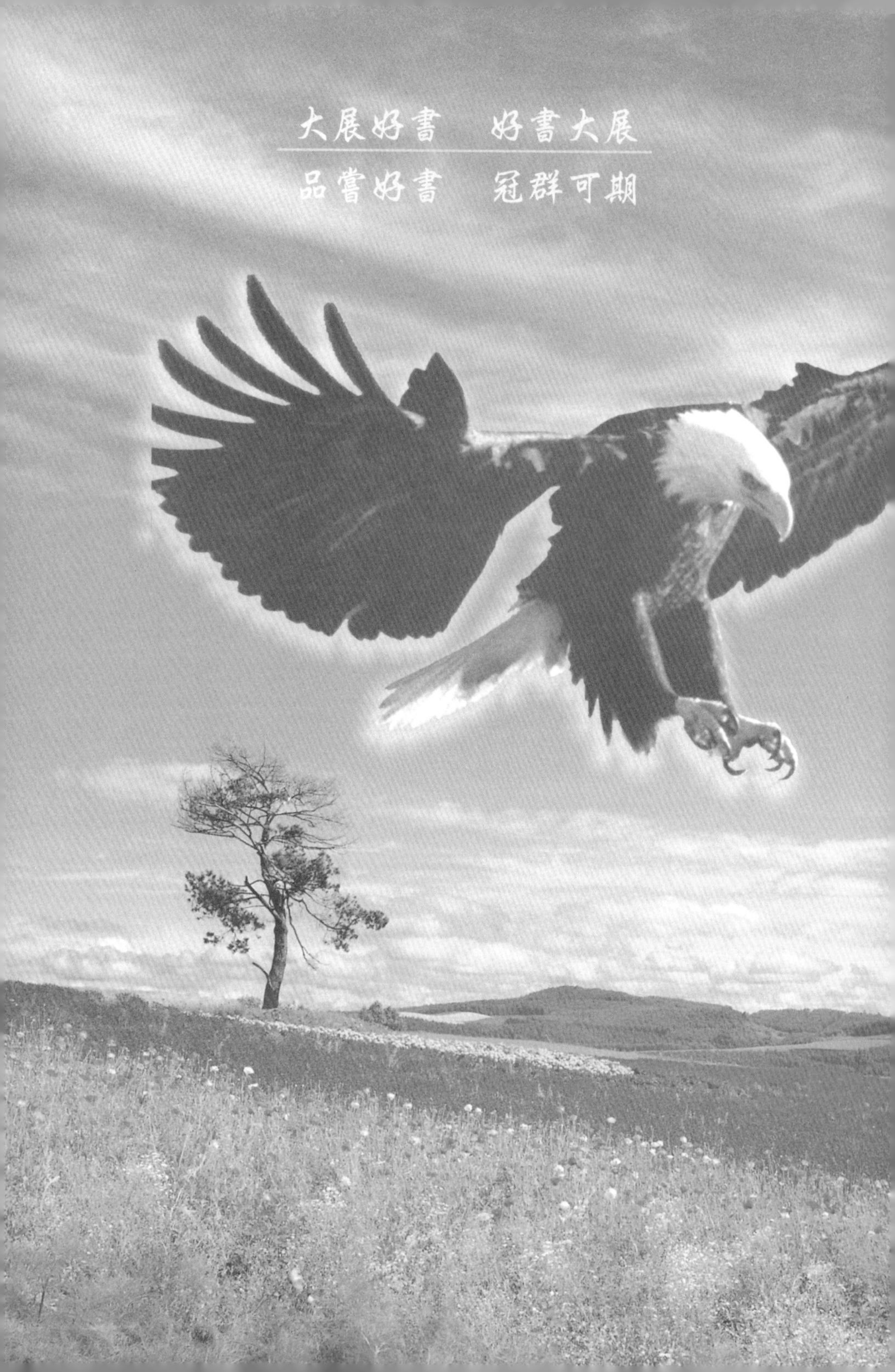

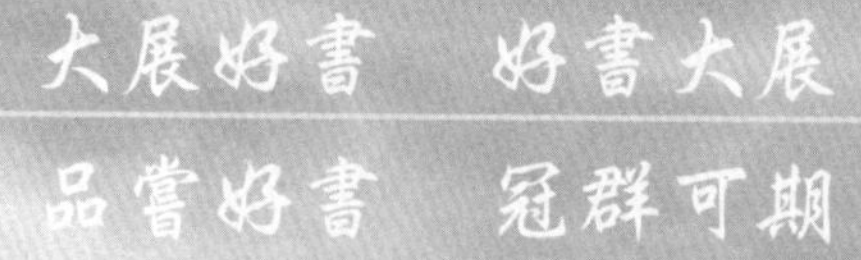
大展好書　好書大展
品嘗好書　冠群可期

大展好書　好書大展

品嘗好書　冠群可期

快樂健美站
23

熱舞瘦身小品

附 VCD

凌　燕　　張曉梅　編著

大展出版社有限公司

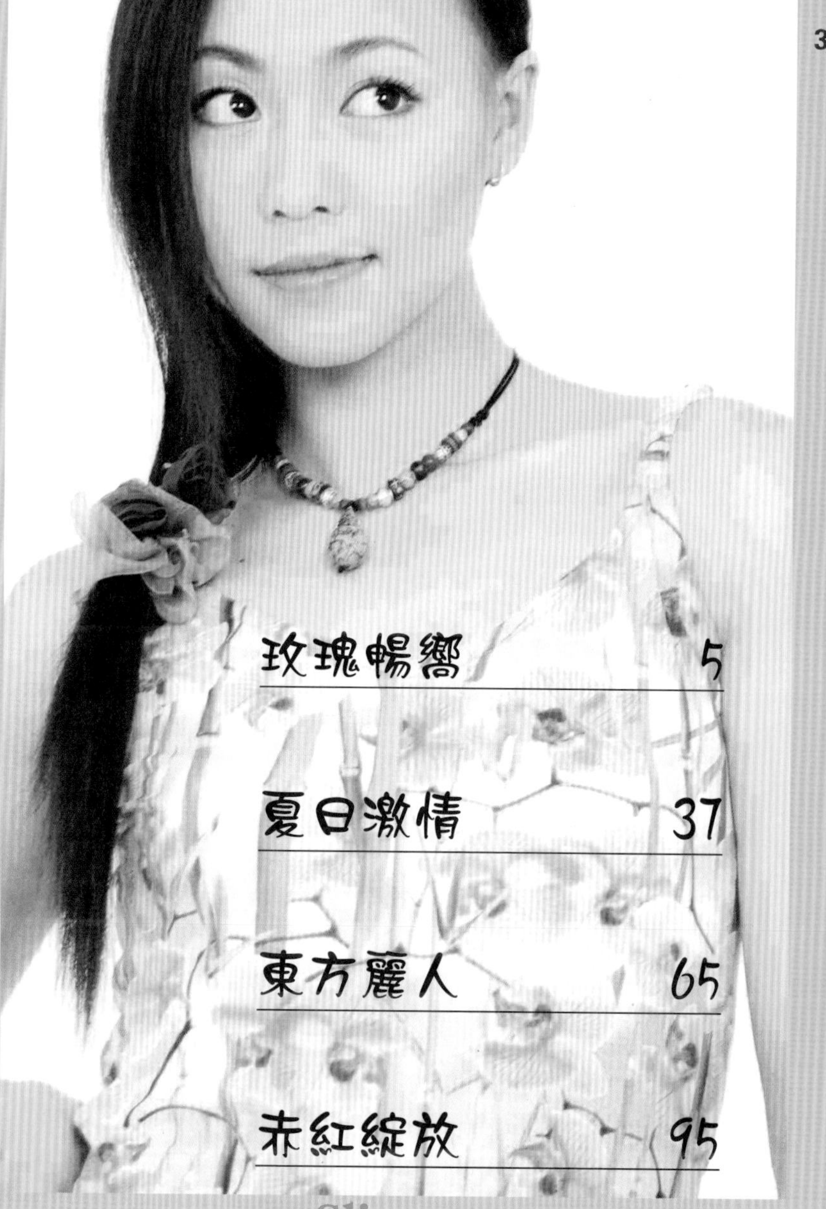

Getting Slimmer through Dance

魔幻的身體藝術，即將開啓鏗鏘玫瑰的暢響。
熱情奔放、風情萬種的西班牙女郎，以獨特的魅力，
美侖美奐的肢體語言，引領個性風尚，放縱靡華的魅惑。
每一個節奏傳遞一種心跳，每一個樂符渲泄一種情緒，
雕琢狡黠迷人的身姿，暢響世紀時尚健康的風潮，
淋漓盡致，演繹一個瑰麗女人。

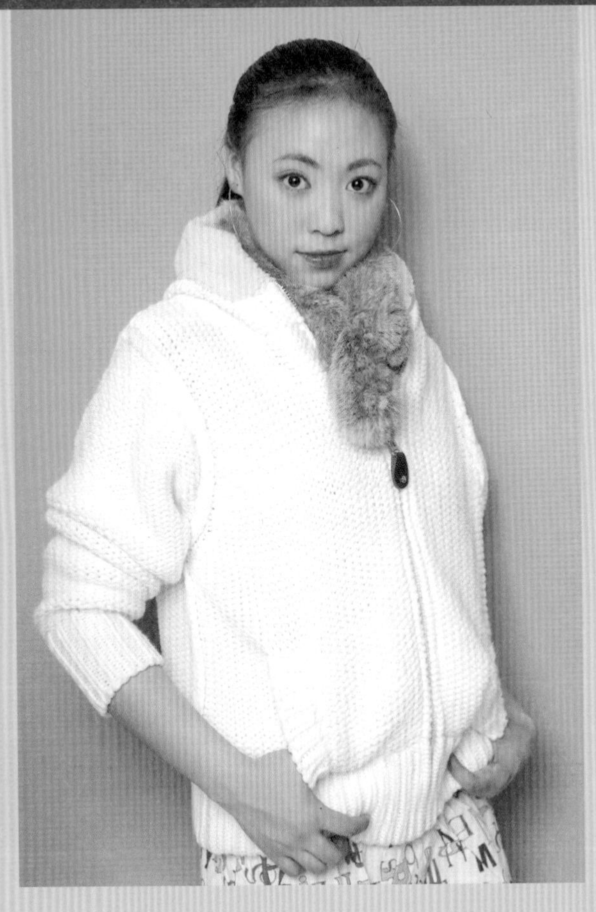

熱舞瘦身小品之玫瑰暢響

伊人共舞

熱舞塑型小品在提高身體機能的前提下突出兩個主題，首推形姿訓練，次爲去除多餘脂肪，前者是舞蹈的基本功能，只要按照後文中的內容認眞地舞起來，相信您不久就會感受到；而要達到後一個目標，首先應對脂肪在機體內的代謝特點有所了解。

人體內的能量源主要有三個，即 ATP-CP，糖元和脂肪。ATP-CP 系統啓動和運行極快，爲瞬時極限強度運動提供支持，但儲量很少，會很快耗竭；糖元酵解供能稍後啓動，它的貯備量大一些，可以支持數分鐘的大強度運動；脂肪氧化供能（當前非常時髦的有氧拉丁等等，其有氧二字即指脂肪的有氧代謝過程）啓動和運行都較慢，只能爲小強度運動提供能量，但儲能極多，可以長時間維繫。

由此可見，要行之有效地消耗體內多餘的脂肪，就要針對其代謝特點安排運動方式和時間。一言蔽之，要想減肥，就要時常進行長時間小強度的運動。就本書來講，在您進行舞蹈體習時，要注意不能一時忘情舞得過於激越而無法堅持，而應先由熱身開始逐步進入主題段落，包括之後的整理活動，保證持續時間在 40 至 60 分鐘或更多，其間儘可能不做停頓。

其實，只要是小強度長時間的運動都有減脂作用，像慢跑、步行、登山等等。之所以我們推薦後文中的幾個舞蹈段落，是因爲對女人而言，懂得姿態美，知道如何將美麗融入自己的身體，遠比減肥更重要，而且舞蹈練習也更有趣一些。

願您舞出韻律、舞出風姿、舞出香豔好身材！

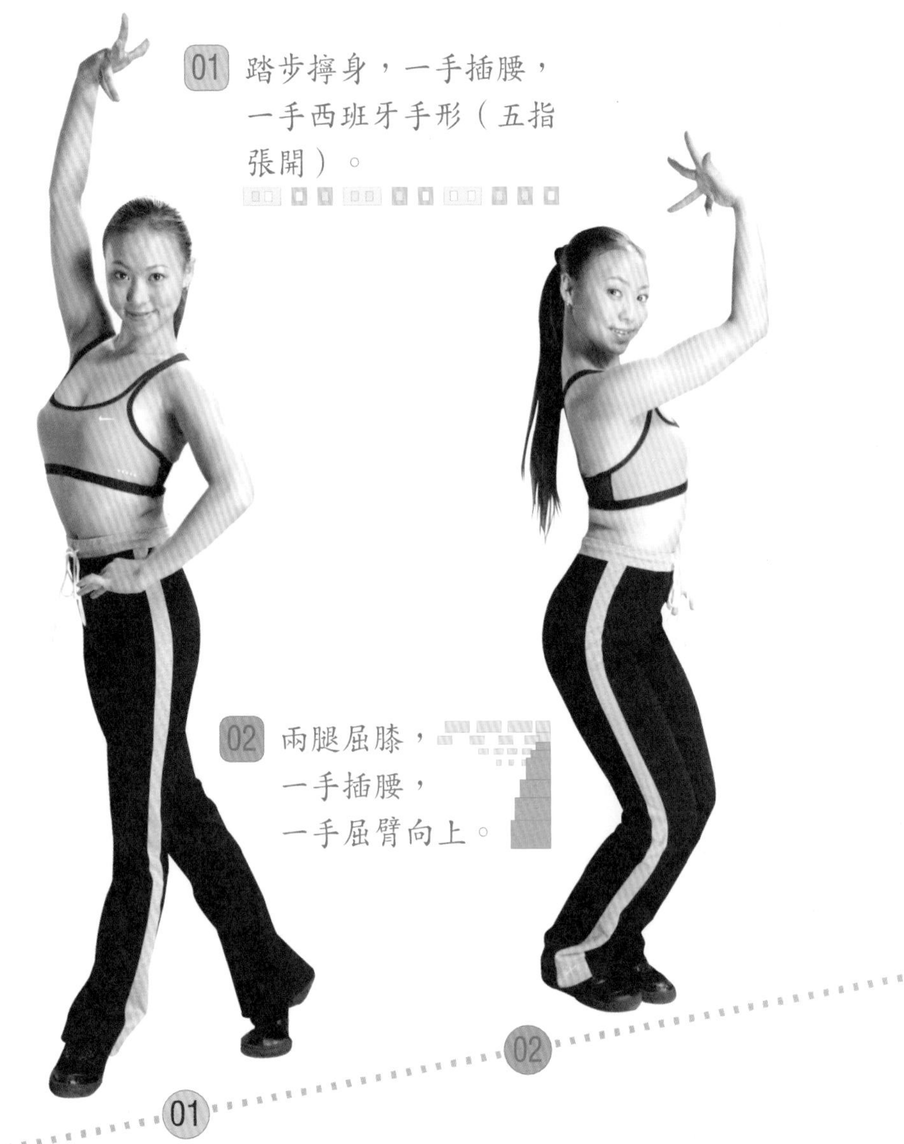

01 踏步擰身，一手插腰，一手西班牙手形（五指張開）。

02 兩腿屈膝，一手插腰，一手屈臂向上。

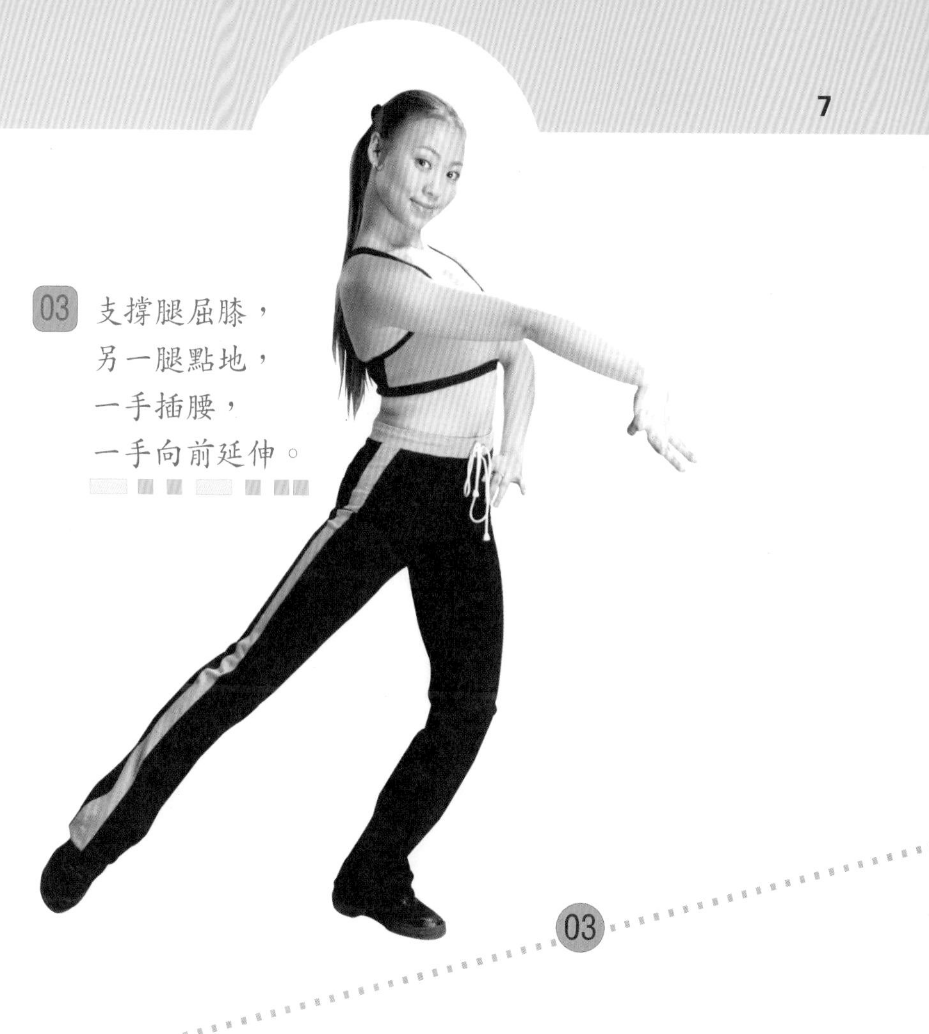

03 支撐腿屈膝，
另一腿點地，
一手插腰，
一手向前延伸。

★（圖 01-15）收腹提臀，沉肩立腰。注意西班牙手形和動作的力度。強烈的節奏催人向上，由內而外散發您高貴的氣質。

04 兩腿屈膝，前腳點地，擰身，雙屈臂提肘。

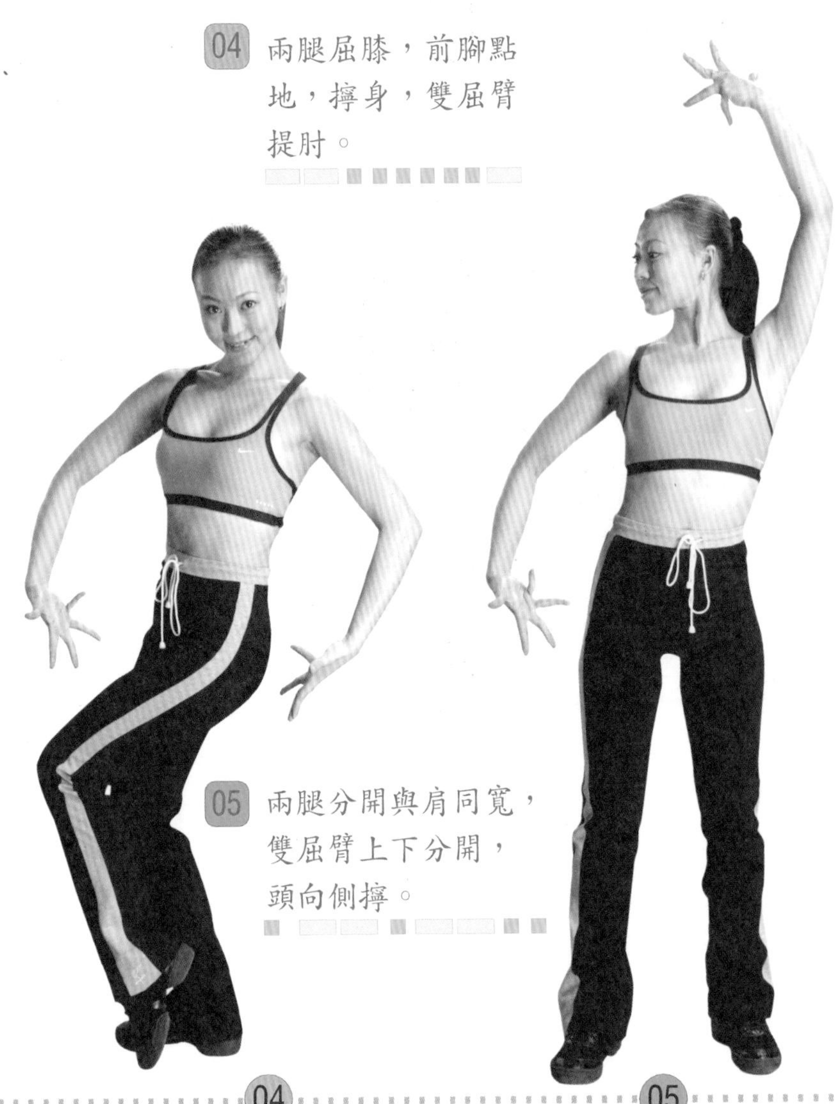

05 兩腿分開與肩同寬，雙屈臂上下分開，頭向側擰。

04 05

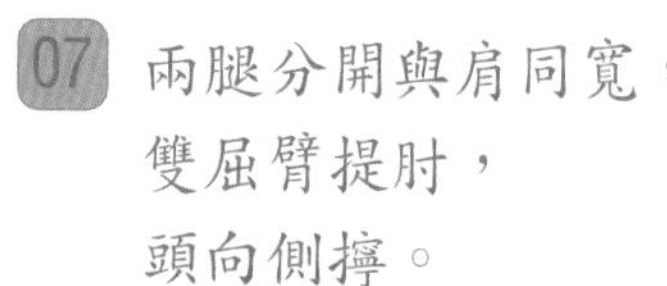

07 兩腿分開與肩同寬，
雙屈臂提肘，
頭向側擰。

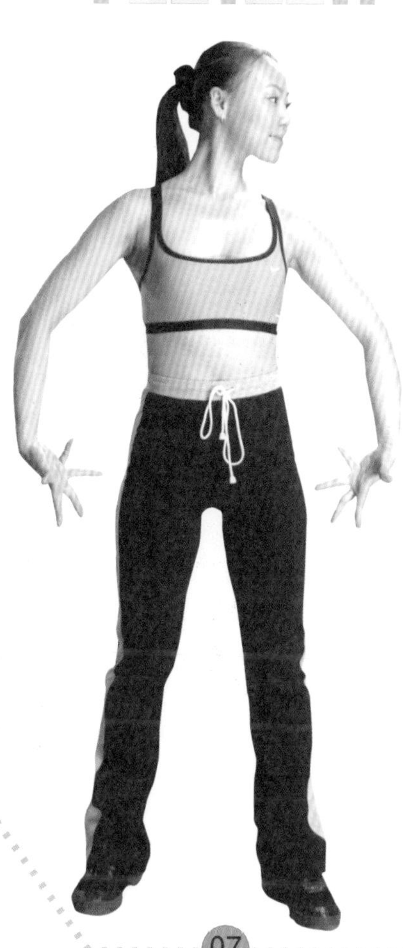

06

06 兩腿併攏，
雙屈臂一上一下，
頭向側擰。

07

09 支撐腿屈膝，
另一腿向旁點地，
提旁腰，雙屈臂上下分開。

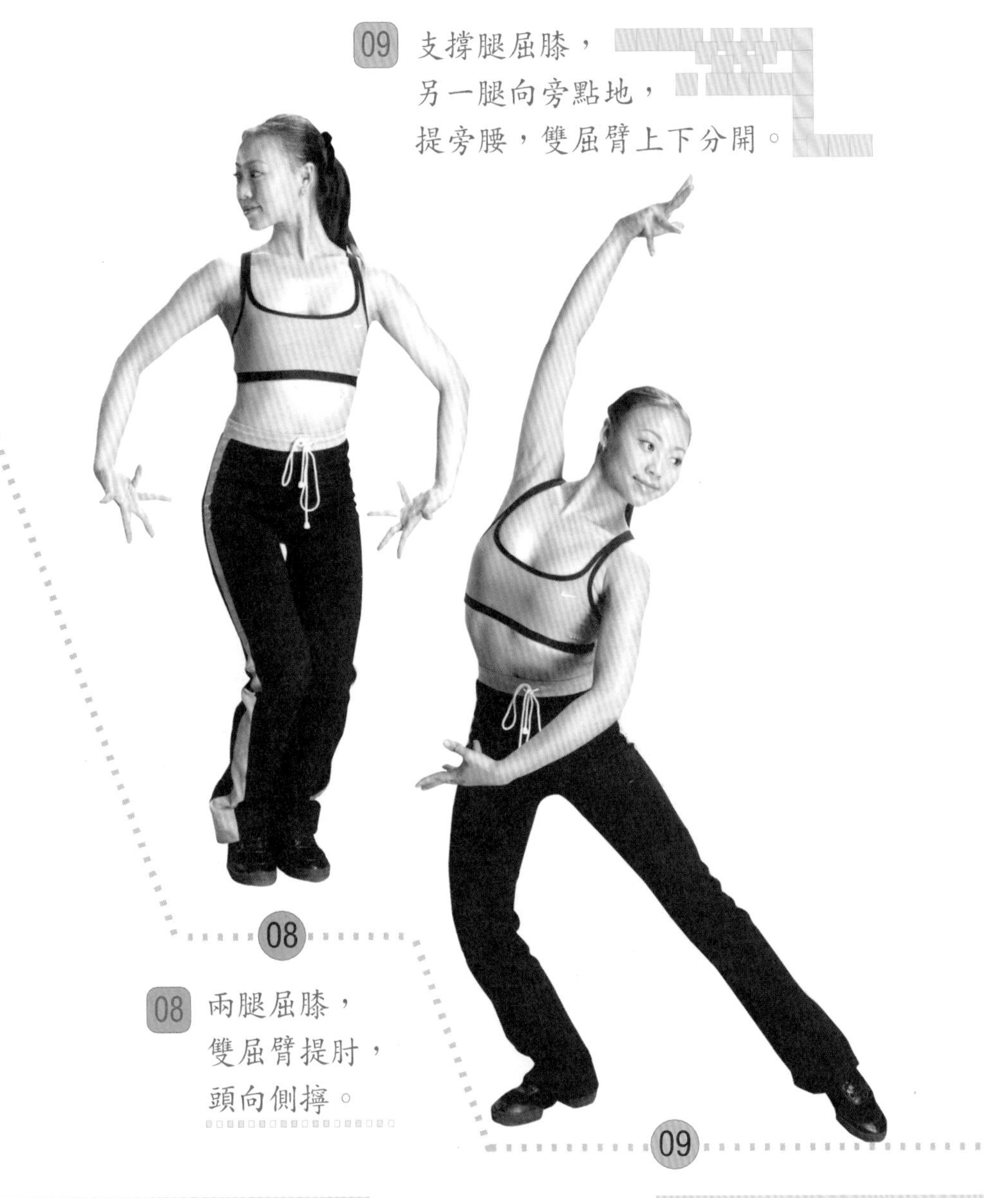

08 兩腿屈膝，
雙屈臂提肘，
頭向側擰。

叮嚀

在音樂響起前20分鐘喝上一杯溫水，為即將起舞的機體備足水分，以免因缺水乾渴而影響練習質量。

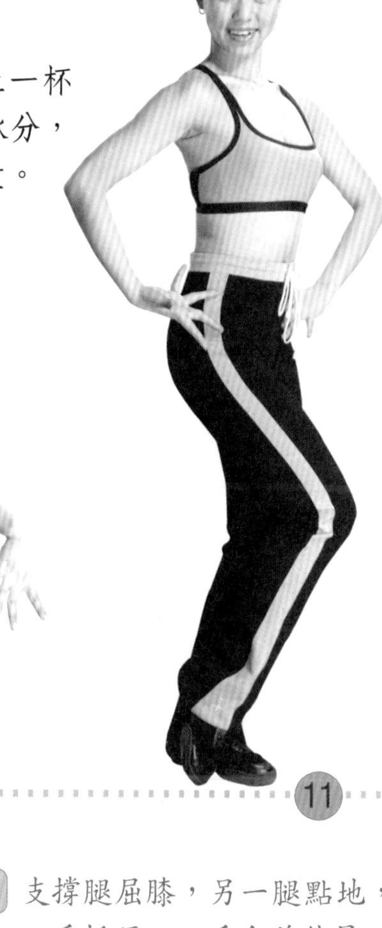

11

10

10 支撐腿屈膝，另一腿點地，一手插腰，一手向前伸展。

11 支撐腿直立，另一腿屈膝點地，擰身，屈臂提肘。

12 兩腿分開，屈膝，
一手插腰，一手旁開。

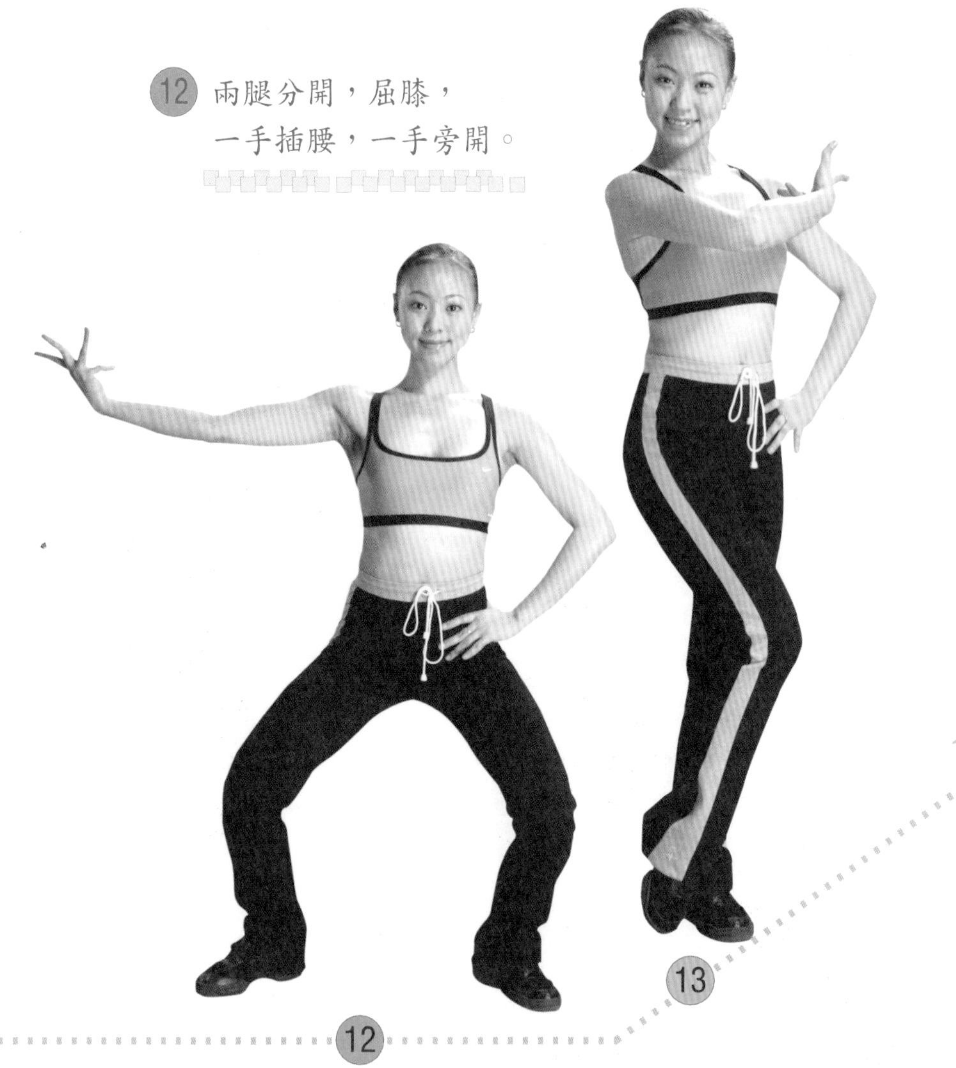

13 支撐腿直立，另一腿屈膝點地，
擰身，一手插腰，一手點肩。

14 兩腿屈膝，前腳點地，
一手插腰，一手扶肩。

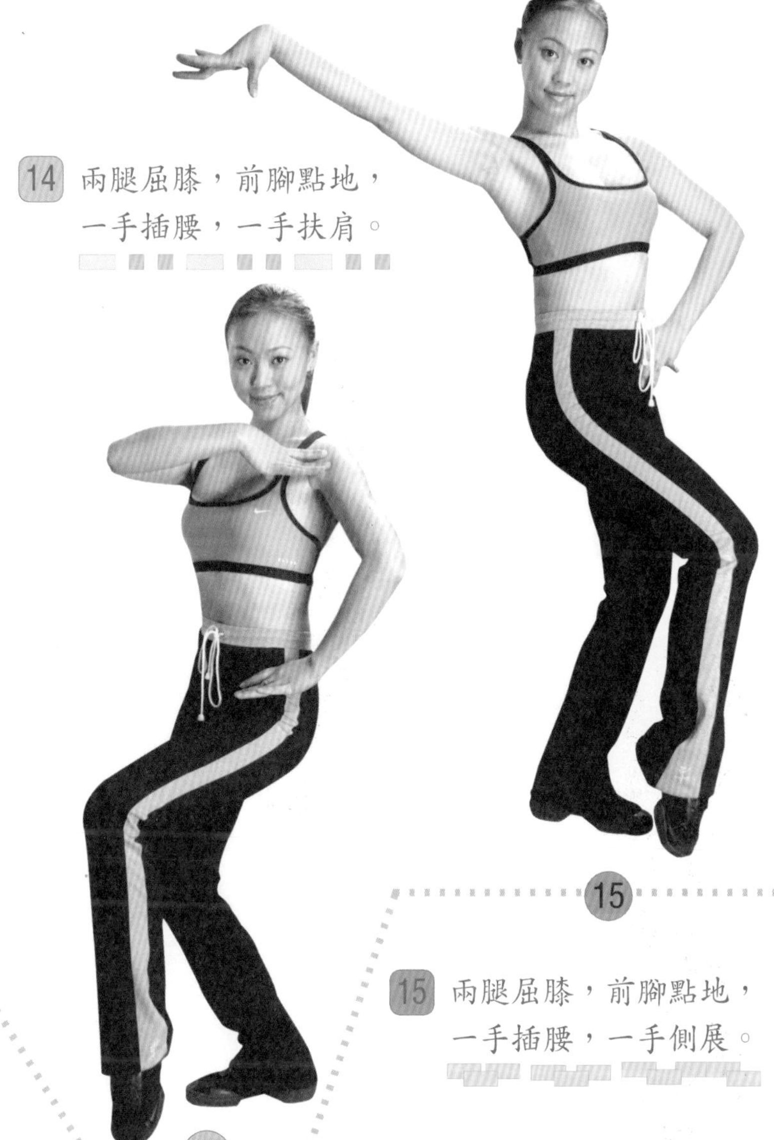

15 兩腿屈膝，前腳點地，
一手插腰，一手側展。

16 兩腿微屈，擰身，
一手屈臂點髖，一手向上。

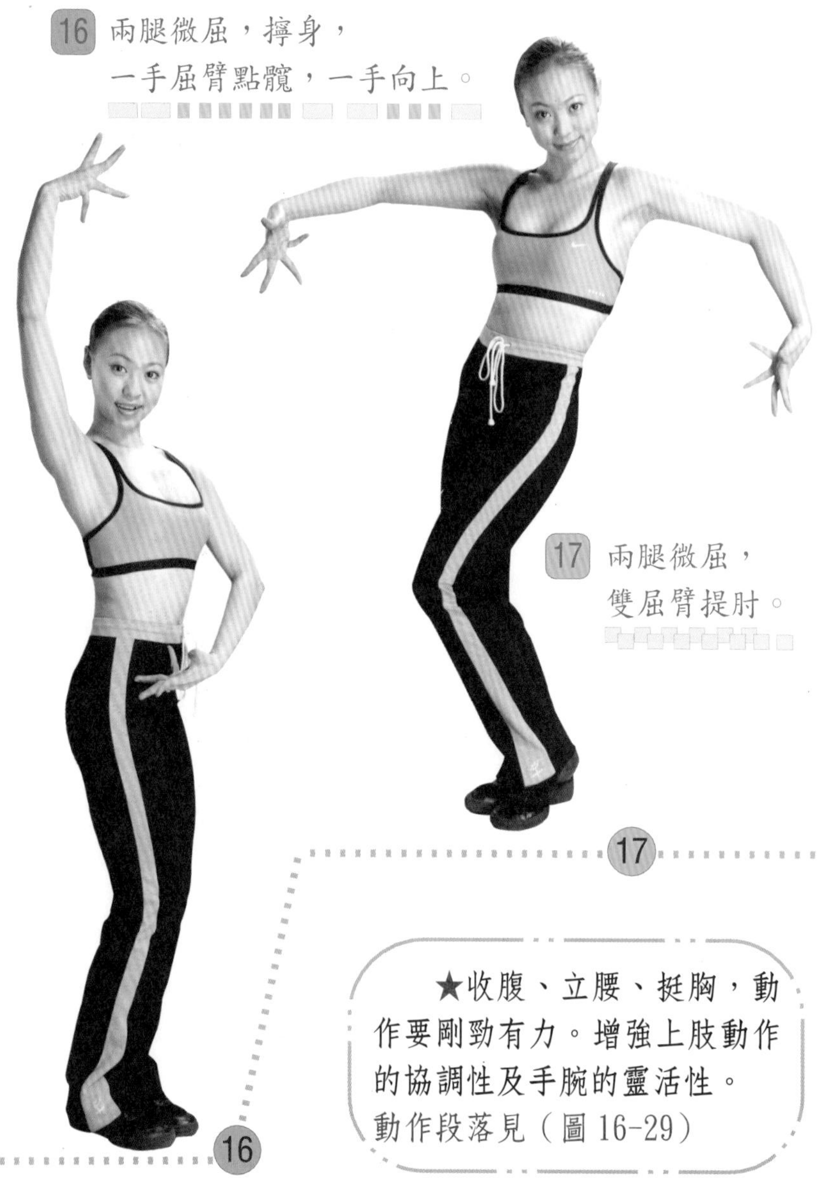

17 兩腿微屈，
雙屈臂提肘。

★收腹、立腰、挺胸，動作要剛勁有力。增強上肢動作的協調性及手腕的靈活性。
動作段落見（圖 16-29）

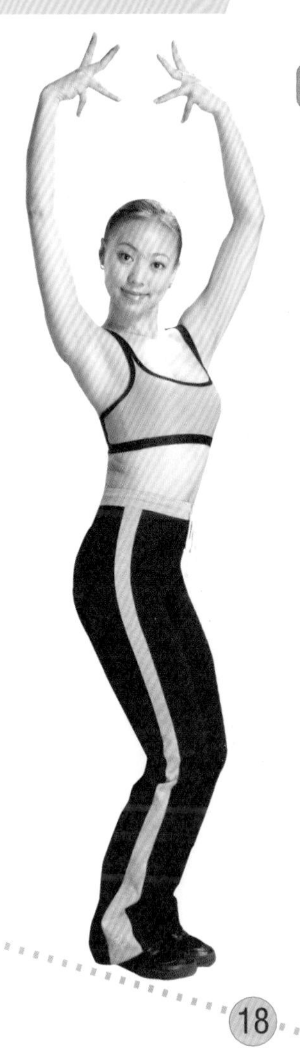

19 兩腿微屈，擰身，
一手屈臂點髖，
一手上舉。

18

19

18 兩腿屈膝，擰身，
雙臂微屈上舉。

21 踏步擰身，一手屈臂扶髖，一手斜舉。

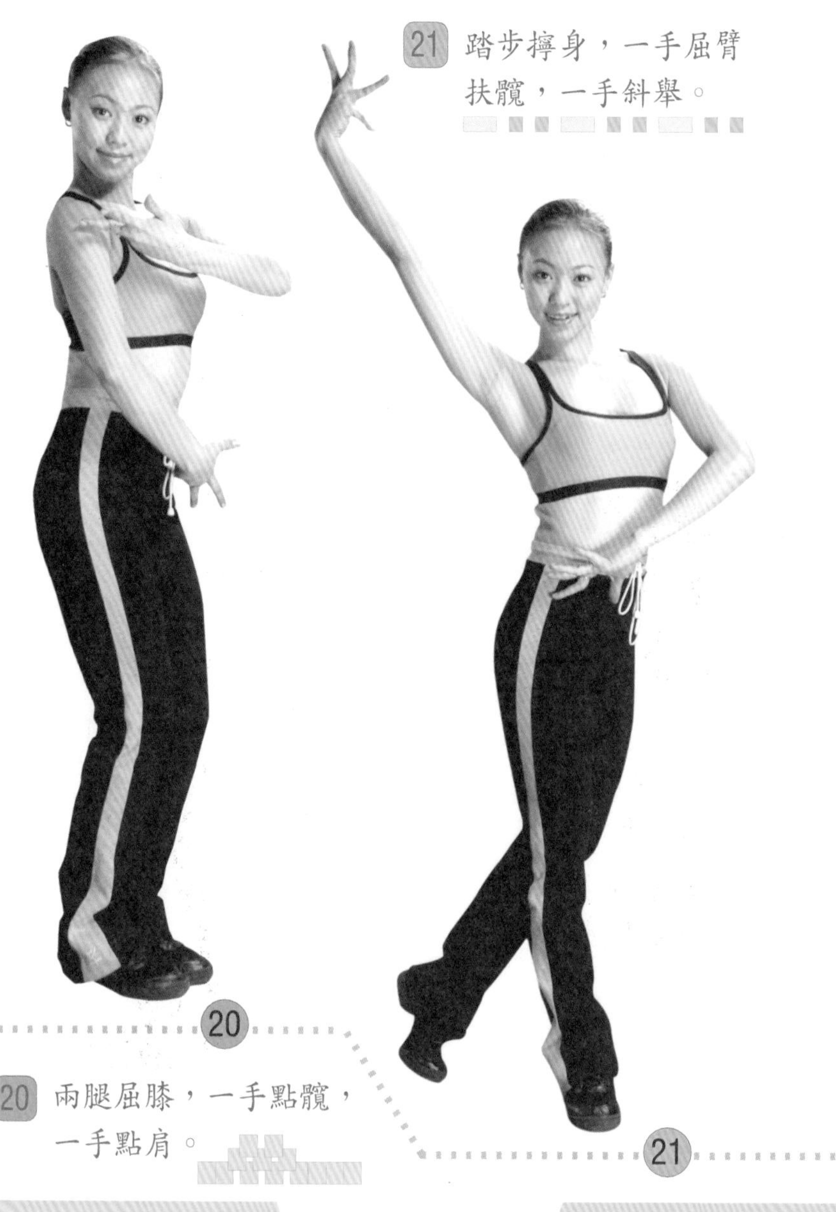

20 兩腿屈膝，一手點髖，一手點肩。

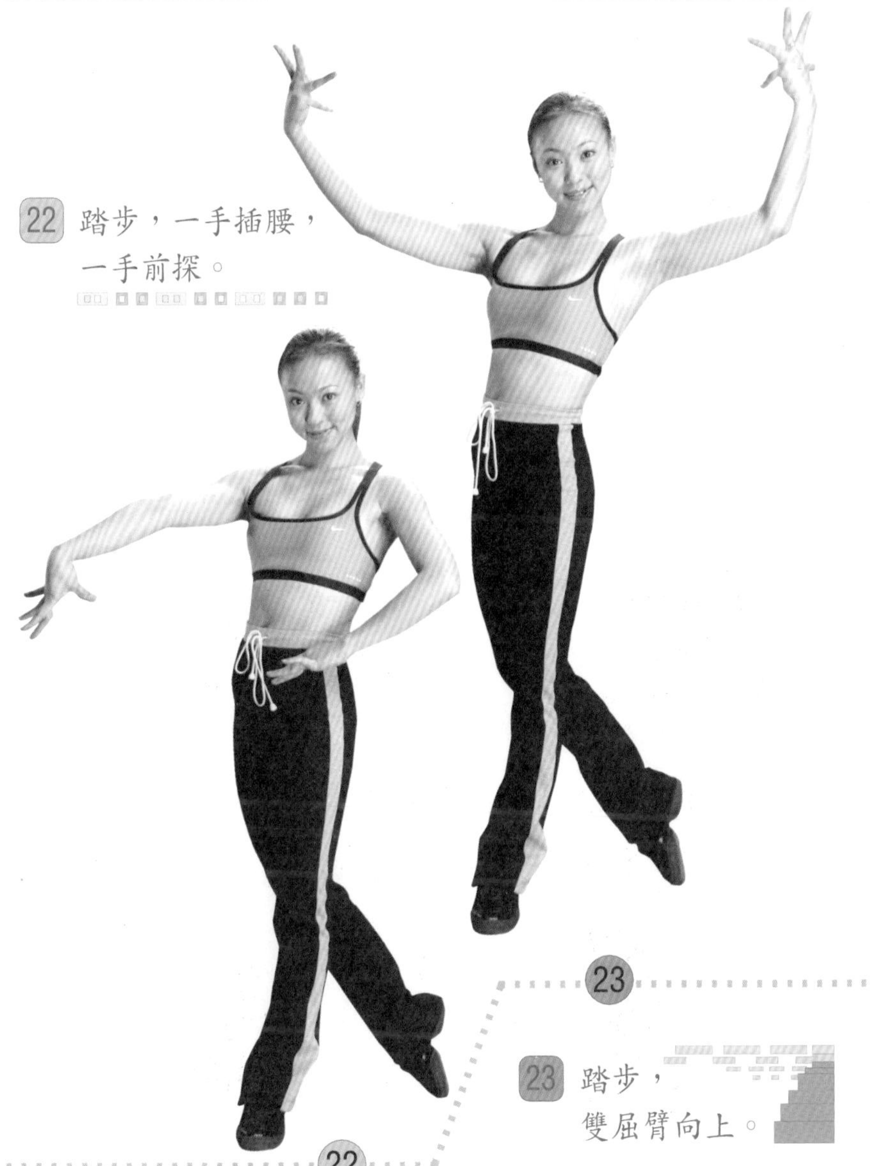

22 踏步，一手插腰，
一手前探。

23 踏步，
雙屈臂向上。

24 兩腿屈膝，雙屈臂胸前交叉。

25 兩腿屈膝，前腳點地，擰身，一手插腰，一手點肩。

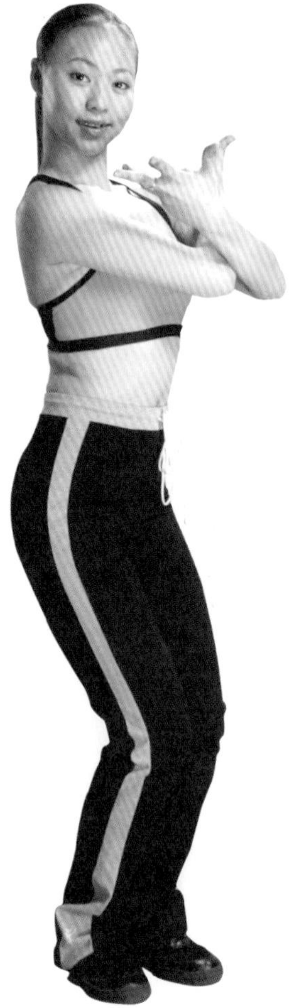

24 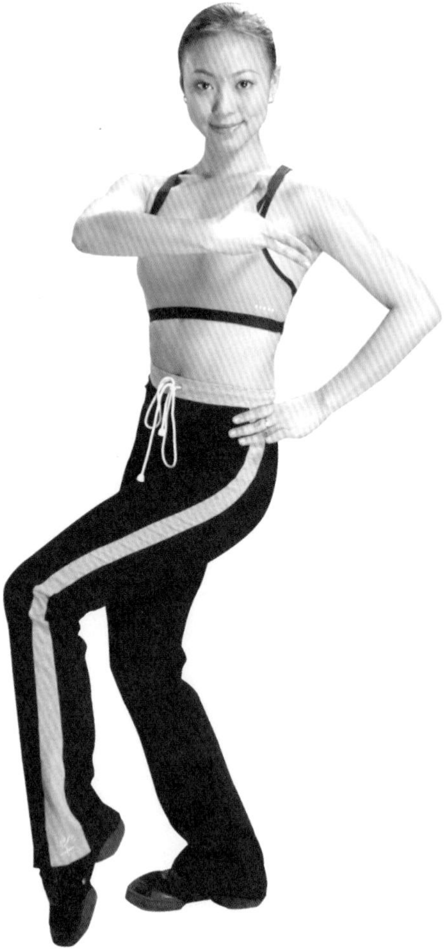 25

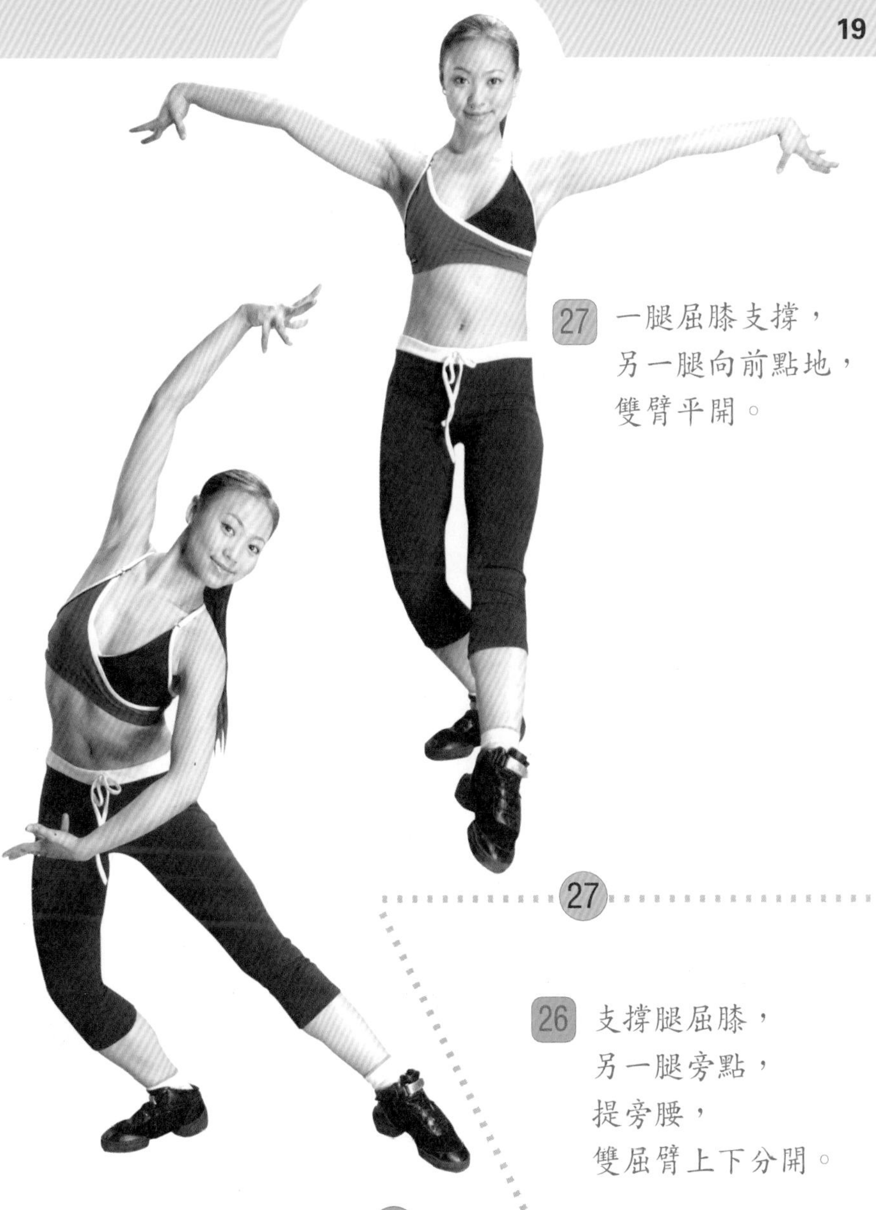

27 一腿屈膝支撐，
另一腿向前點地，
雙臂平開。

26 支撐腿屈膝，
另一腿旁點，
提旁腰，
雙屈臂上下分開。

28 一腿屈膝，另一腿旁點，一手插腰，一手旁開。

29 兩腿屈膝，前腳點地，一手插腰，一手頭前屈臂。

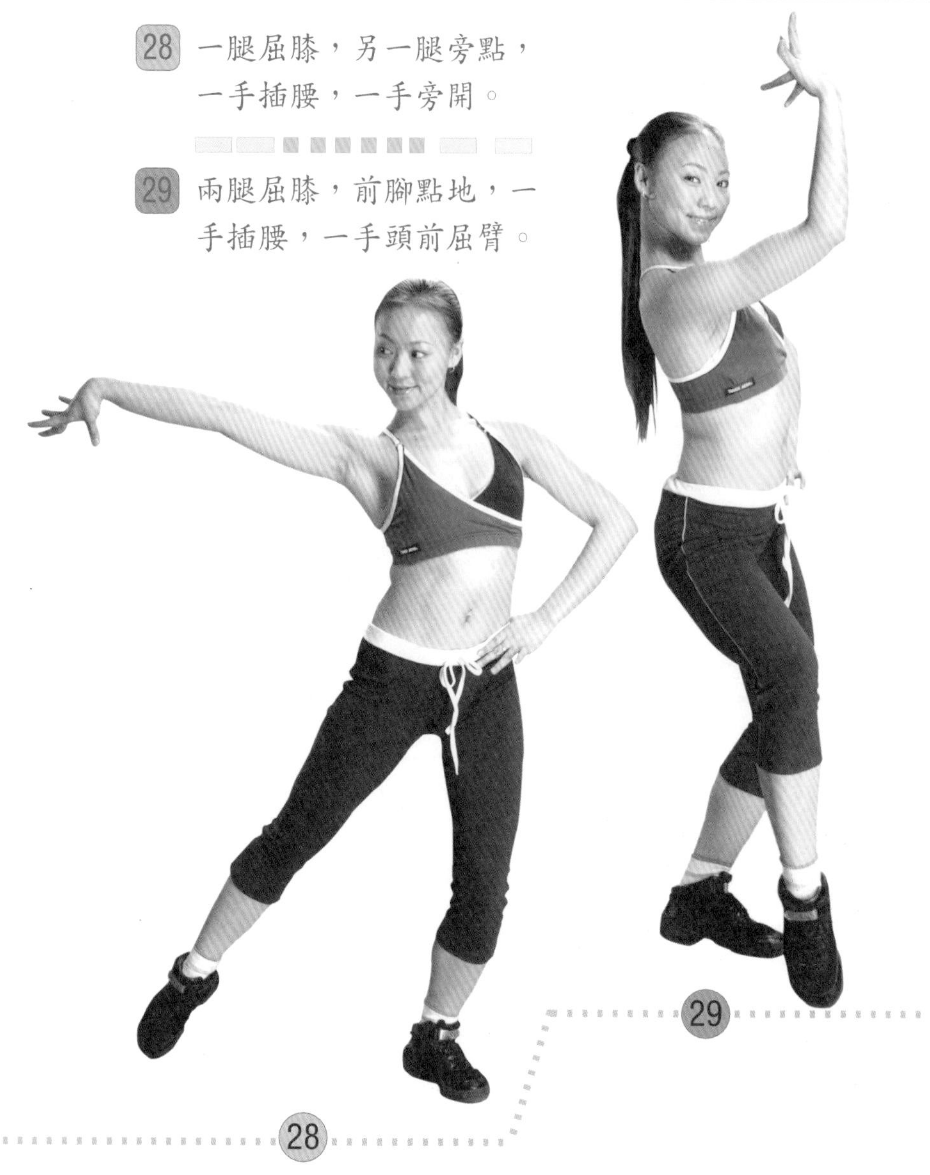

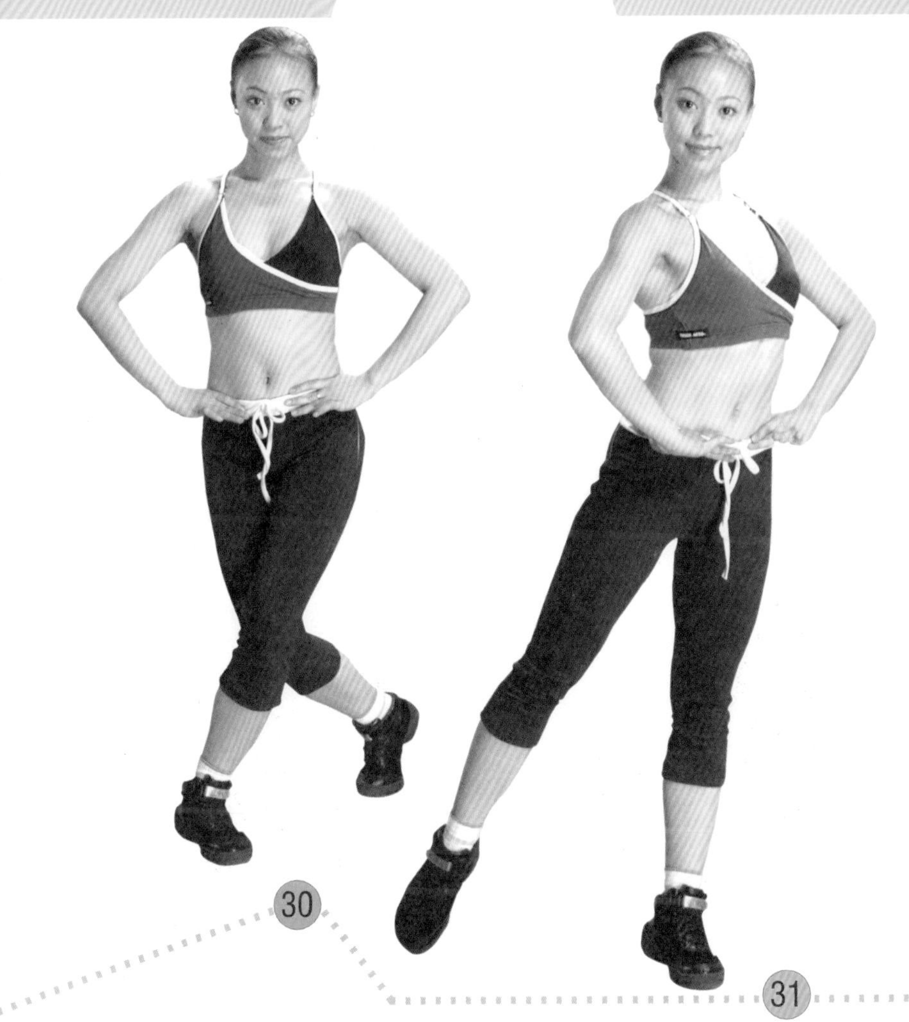

30 踏步蹲，雙手插腰。

31 支撐腿直立，另一腿向旁點地，雙手插腰。

★注意：下肢動作要轉換有序，練習中保持自信的心態。自信的舞動您的身軀，在歡快的節奏中，使身體及精神得到最大程度的釋放。動作段落見（圖 30-43）

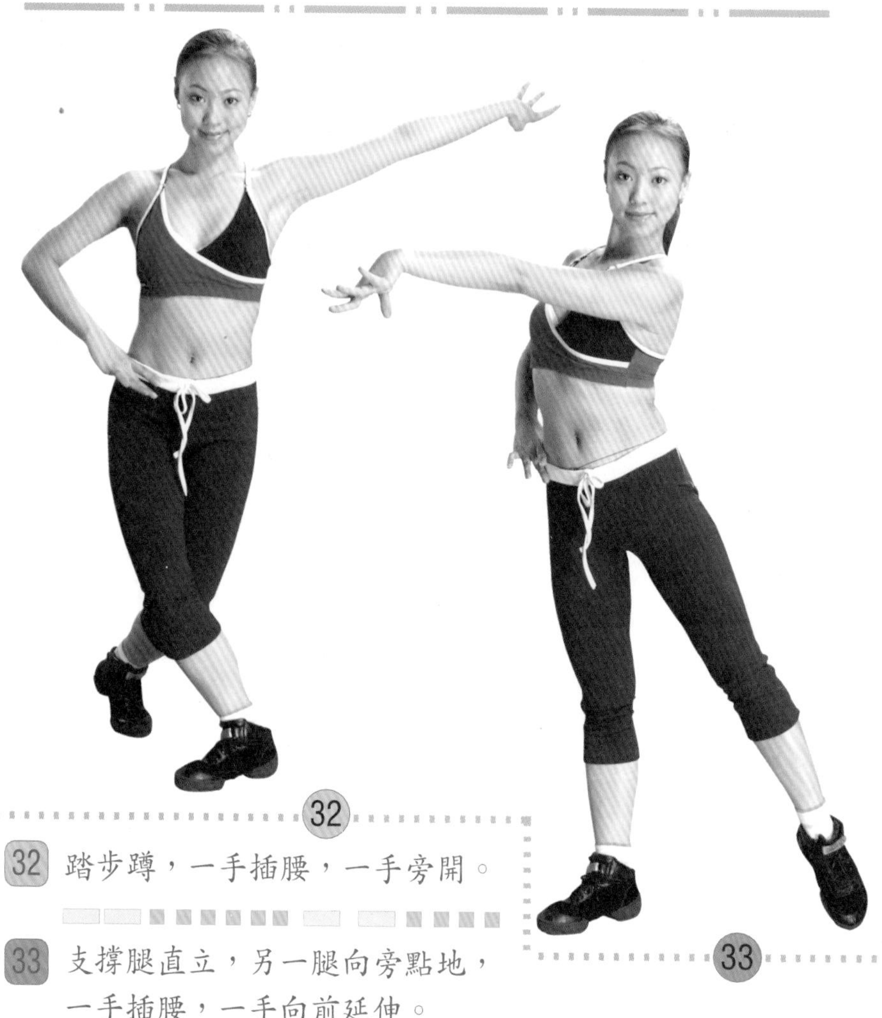

32 踏步蹲，一手插腰，一手旁開。

33 支撐腿直立，另一腿向旁點地，一手插腰，一手向前延伸。

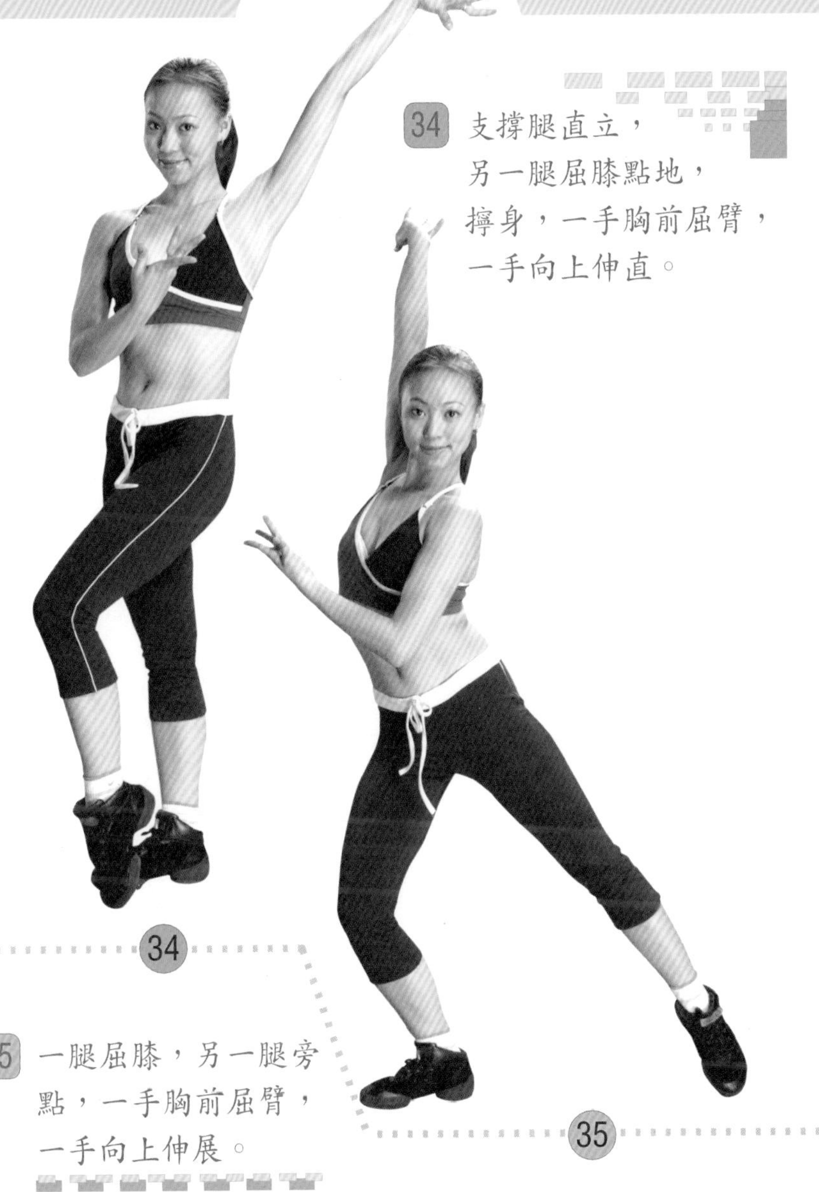

34 支撐腿直立，
另一腿屈膝點地，
擰身，一手胸前屈臂，
一手向上伸直。

35 一腿屈膝，另一腿旁
點，一手胸前屈臂，
一手向上伸展。

叮嚀

每次練習都從熱身開始，活動關節。伸展肌肉和韌帶。而後是慢節奏小幅度的舞蹈動作模仿。
當神經和肌肉都興奮起來後再熱辣地舞起來。

36 支撐腿直立，另一腿向前抬（直）25 度、45 度或 90 度，雙手插腰。

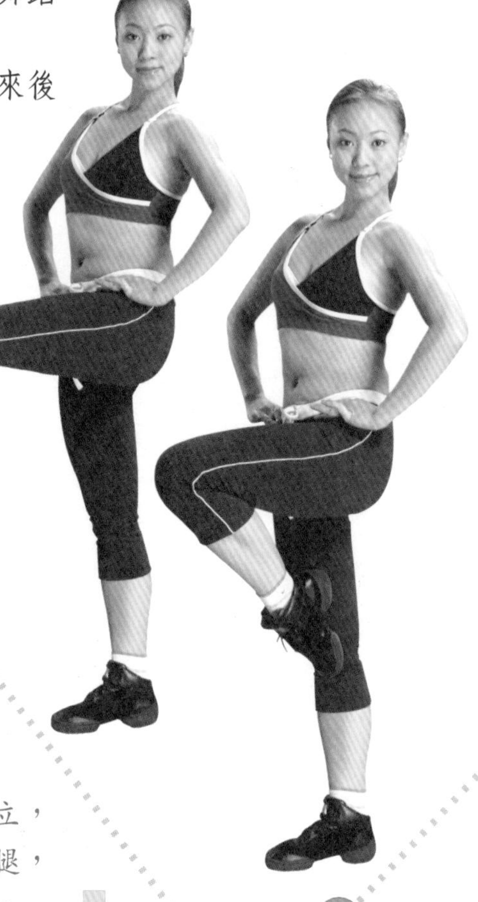

36

37

37 支撐腿直立，另一腿吸腿，雙手插腰。

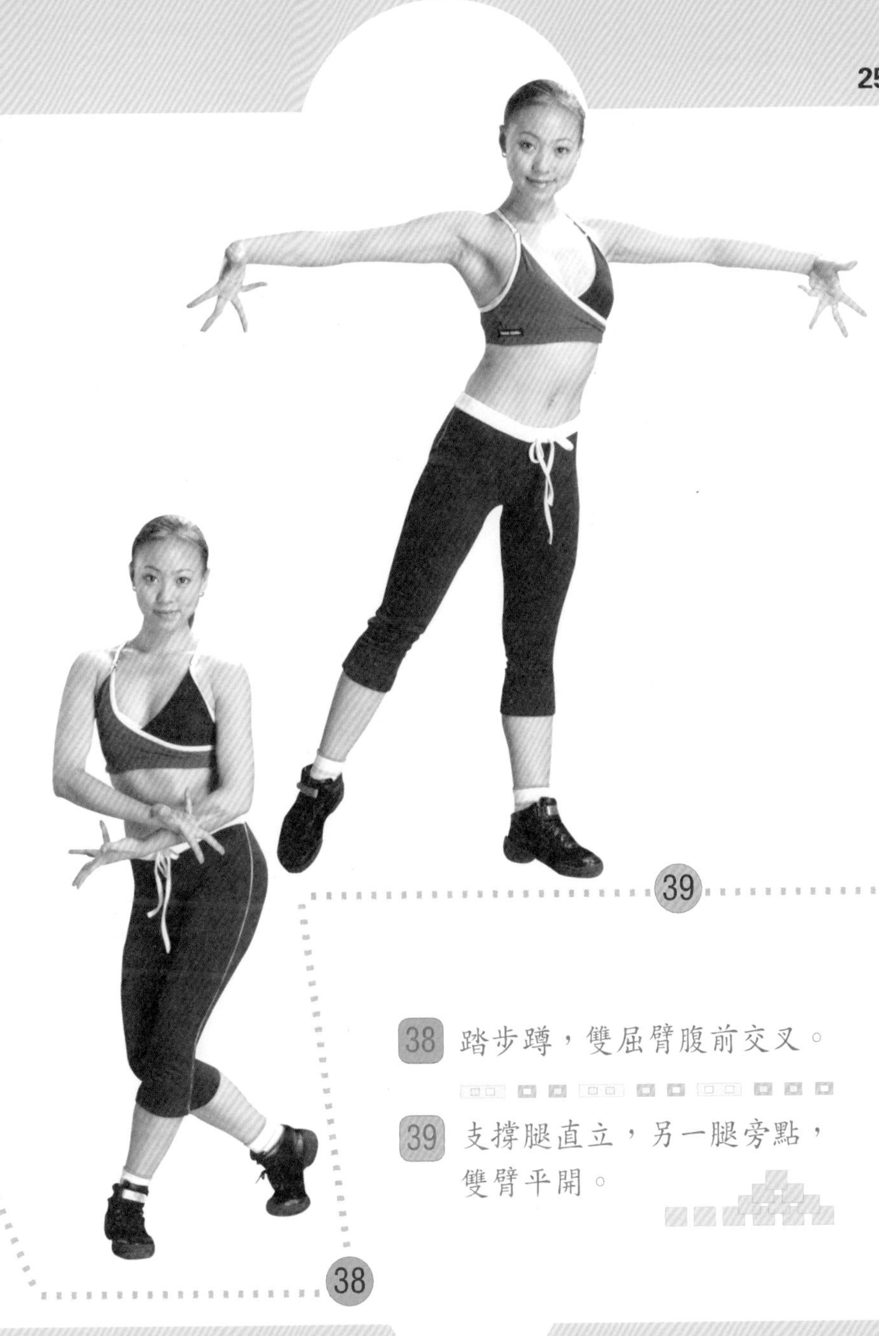

38 踏步蹲，雙屈臂腹前交叉。

39 支撐腿直立，另一腿旁點，雙臂平開。

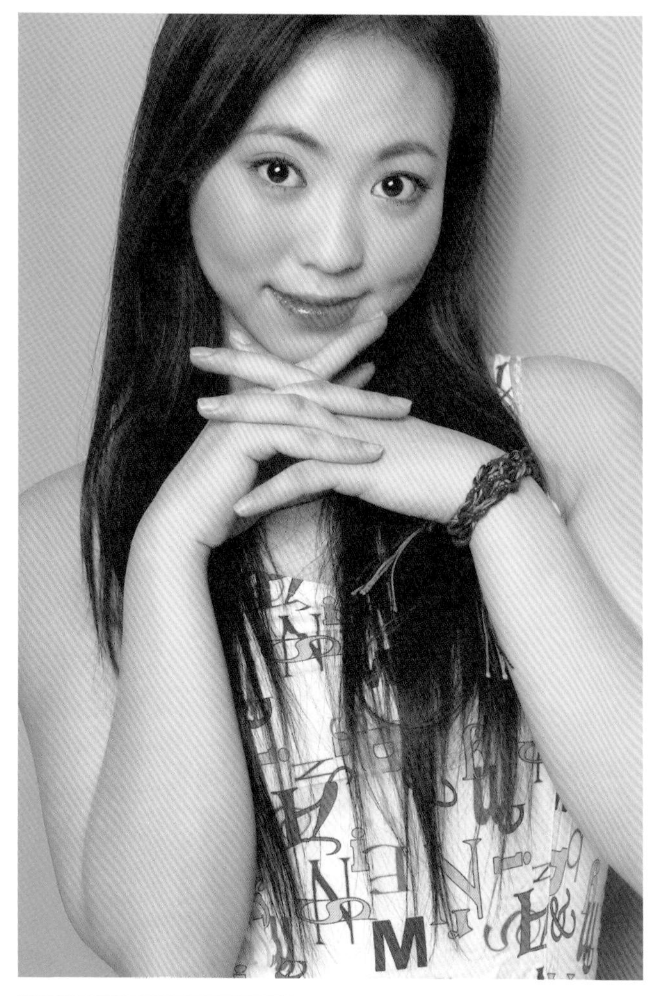

　　自信的舞動你的身軀，在歡樂的節奏中，使身體及精神得到最大程度的釋放。

★注意：下肢動作要轉換有序，始終保持信的心態。

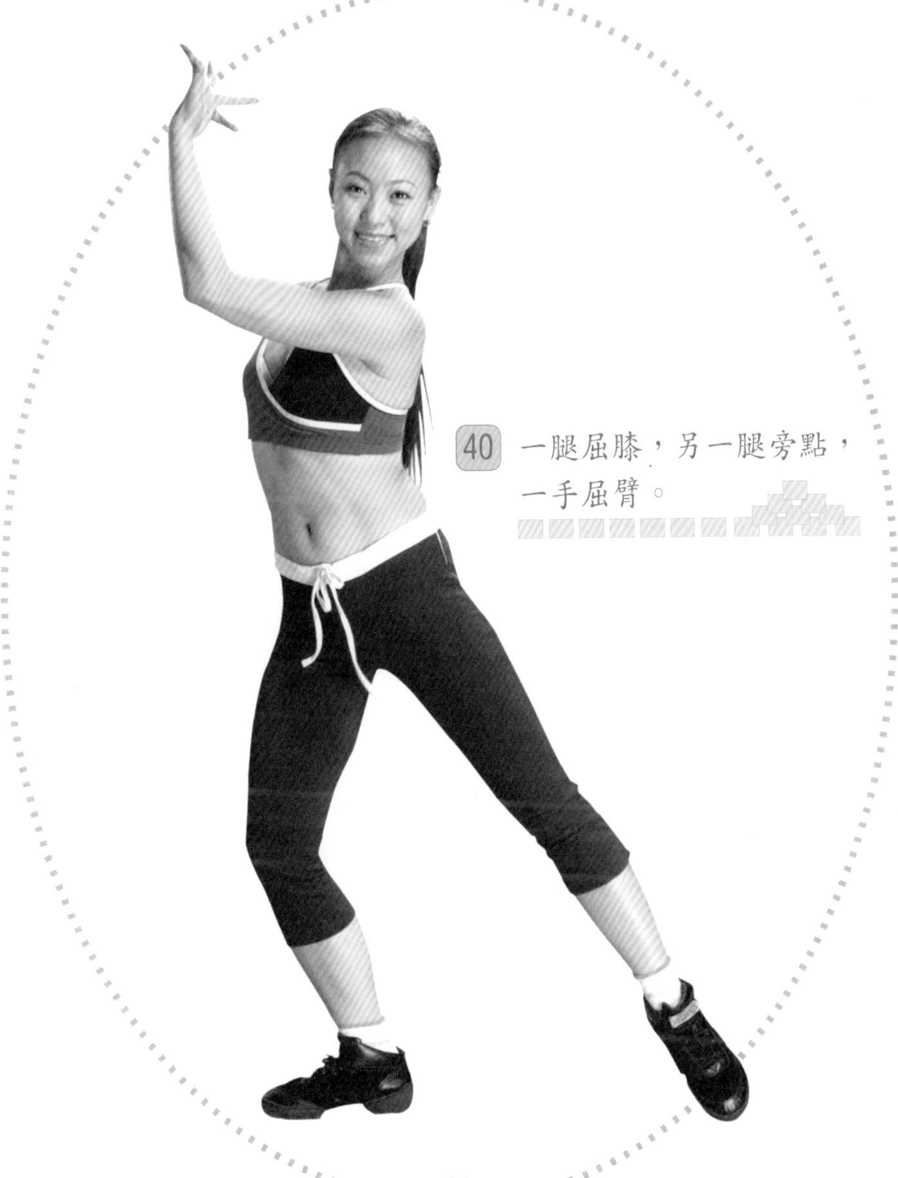

40 一腿屈膝，另一腿旁點，一手屈臂。

40

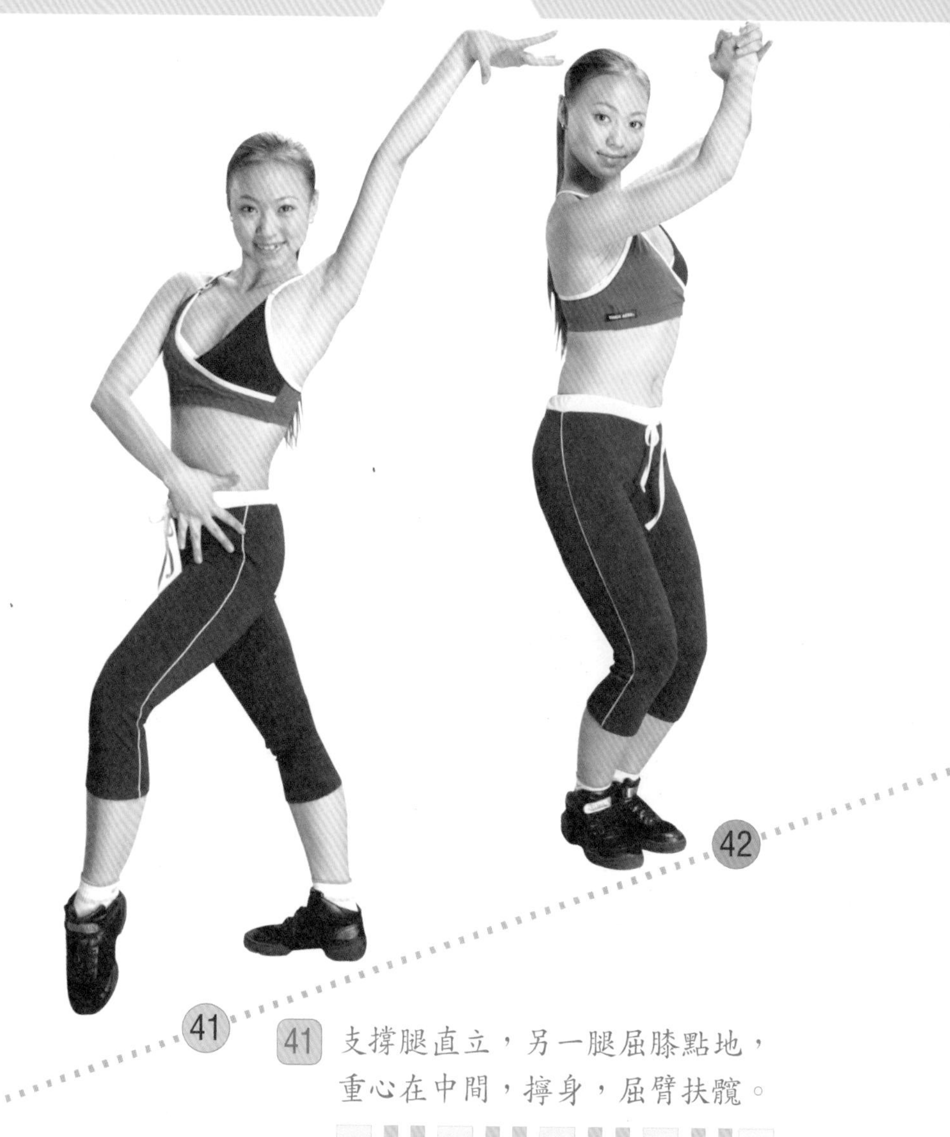

41 支撐腿直立，另一腿屈膝點地，重心在中間，擰身，屈臂扶髖。

42 雙腿屈膝，屈臂擊掌。

43 踏步蹲，擰身屈臂，
扶髖。

44 一腿屈膝，
另一腿屈膝跪地，
擰身，雙臂微屈向上舉。

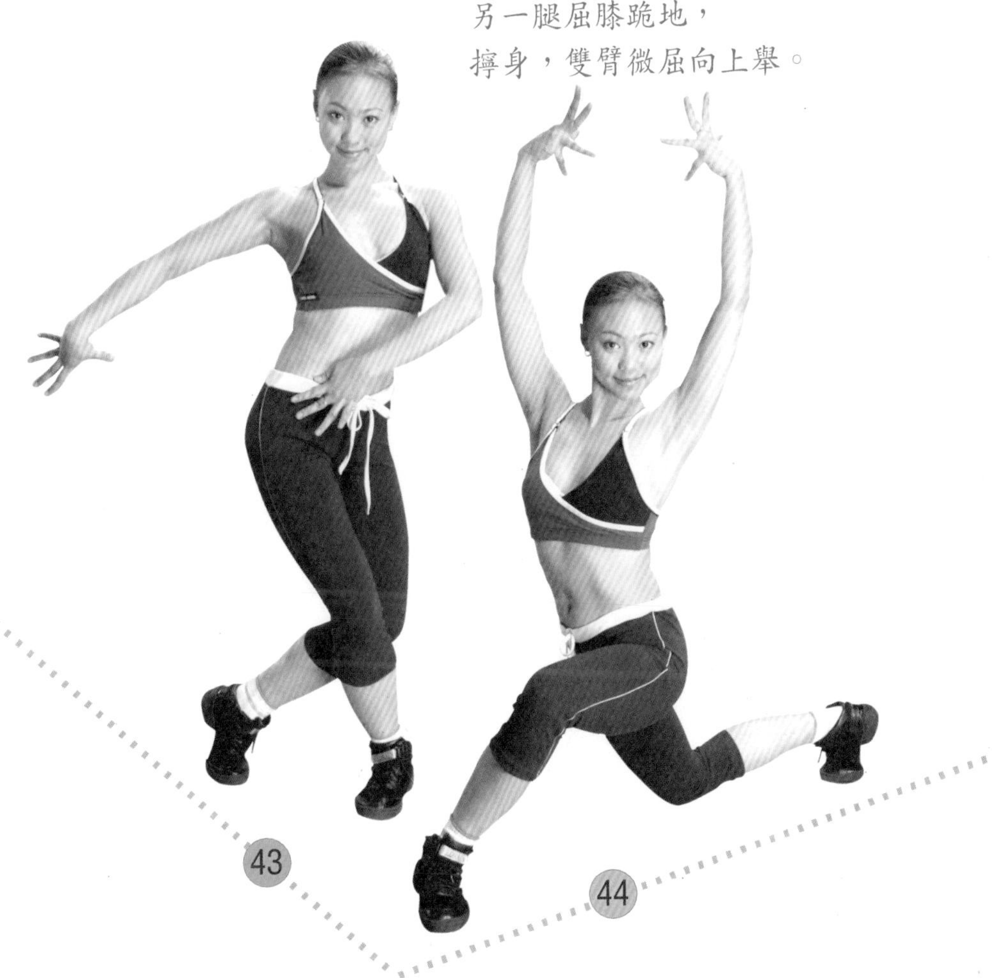

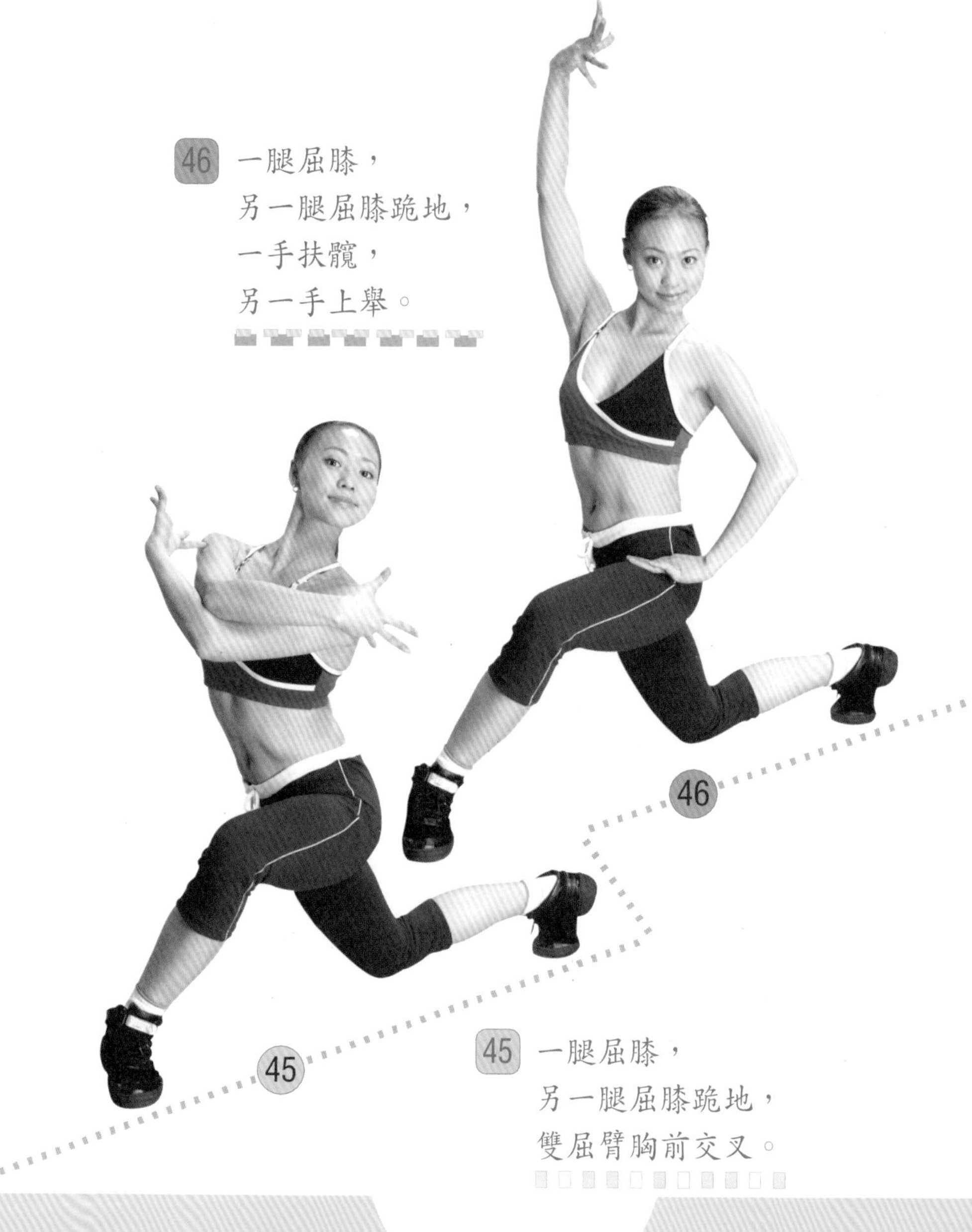

46 一腿屈膝，
另一腿屈膝跪地，
一手扶髖，
另一手上舉。

45 一腿屈膝，
另一腿屈膝跪地，
雙屈臂胸前交叉。

47 一腿屈膝立腳跟，
另一腿伸直，
重心在中間，
雙屈臂提肘。

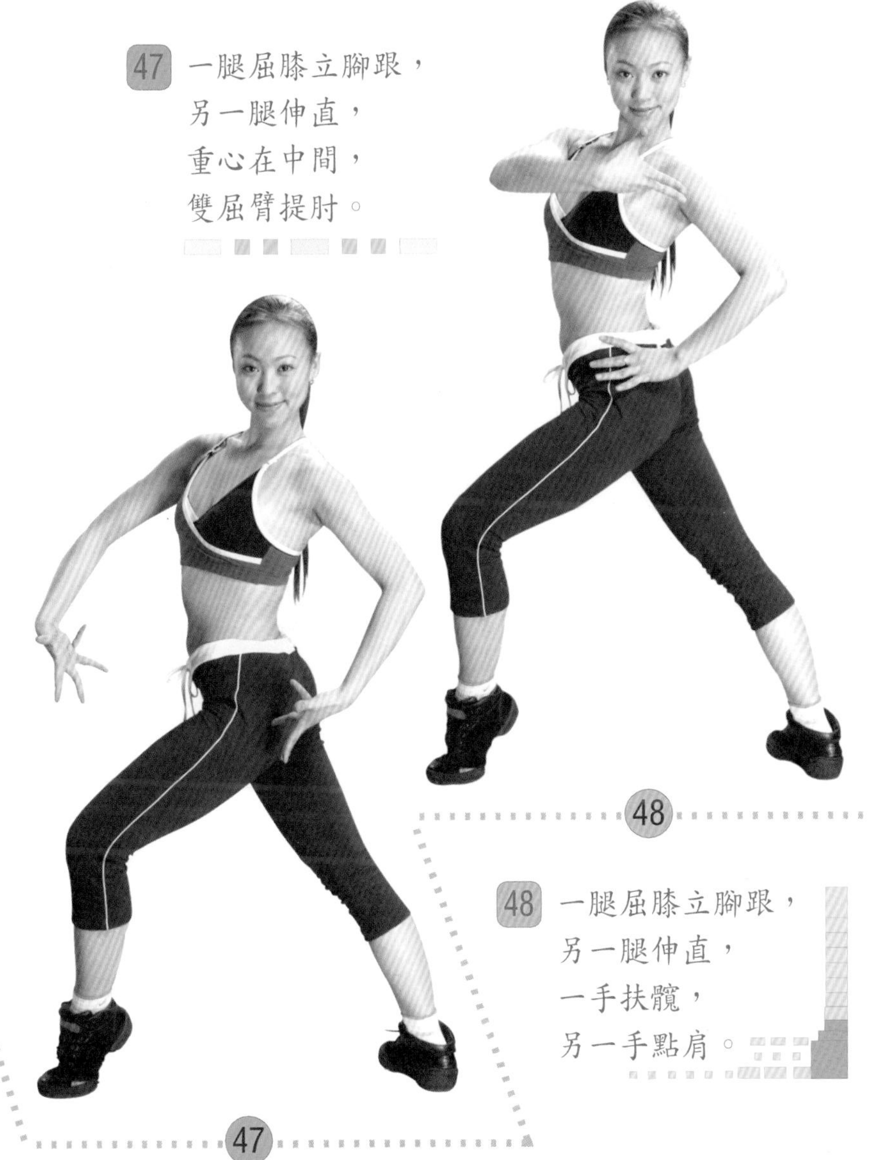

48 一腿屈膝立腳跟，
另一腿伸直，
一手扶髖，
另一手點肩。

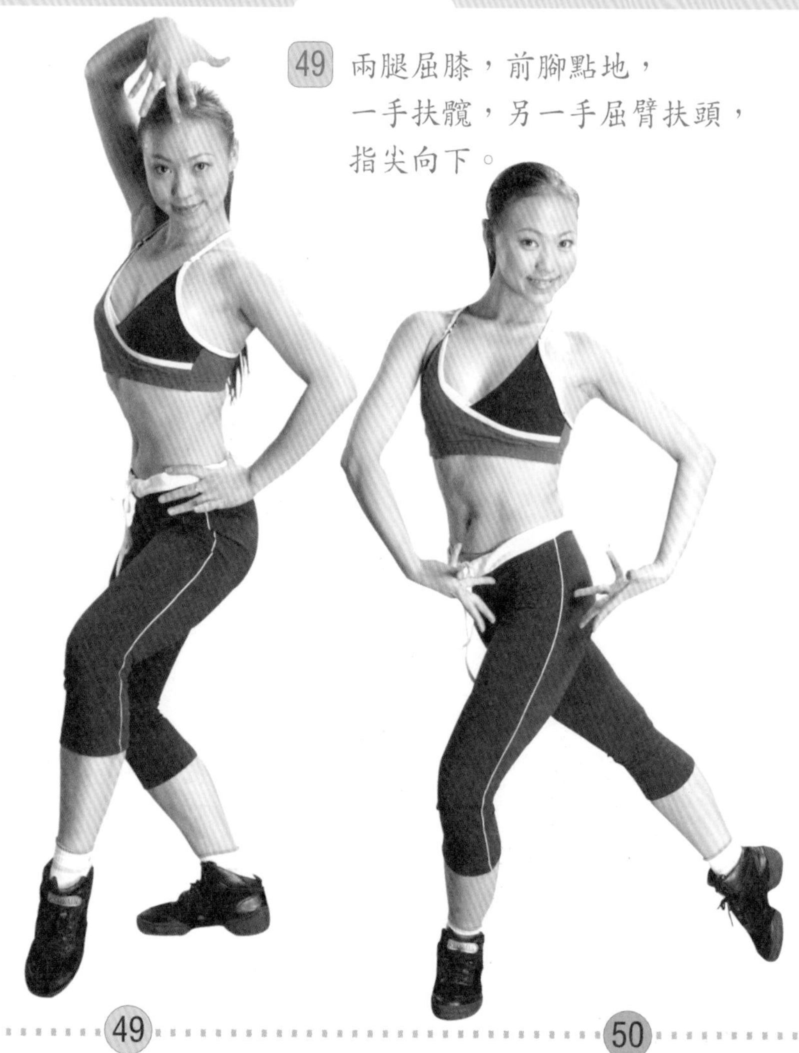

49 兩腿屈膝，前腳點地，
一手扶髖，另一手屈臂扶頭，
指尖向下。

50 一腿屈膝支撐，
另一腿點地，擰身，
屈臂提肘。

★注意：收腹、沉肩，保持重心在兩腿之間。本組 4 個 8 拍的動作是光碟中沒有的，您可選擇節奏強烈的音樂來重複練習，不僅能減去腰部、腿部的多餘脂肪，而且還能使身體得到充分的梳理。

女人是美麗的別稱，美浸透著女人的一生，讓我們相約 1 週 5 至 6 次動感十足、狂野而內蘊優雅的玫瑰暢響，成就您夢寐以求卓越的風采。

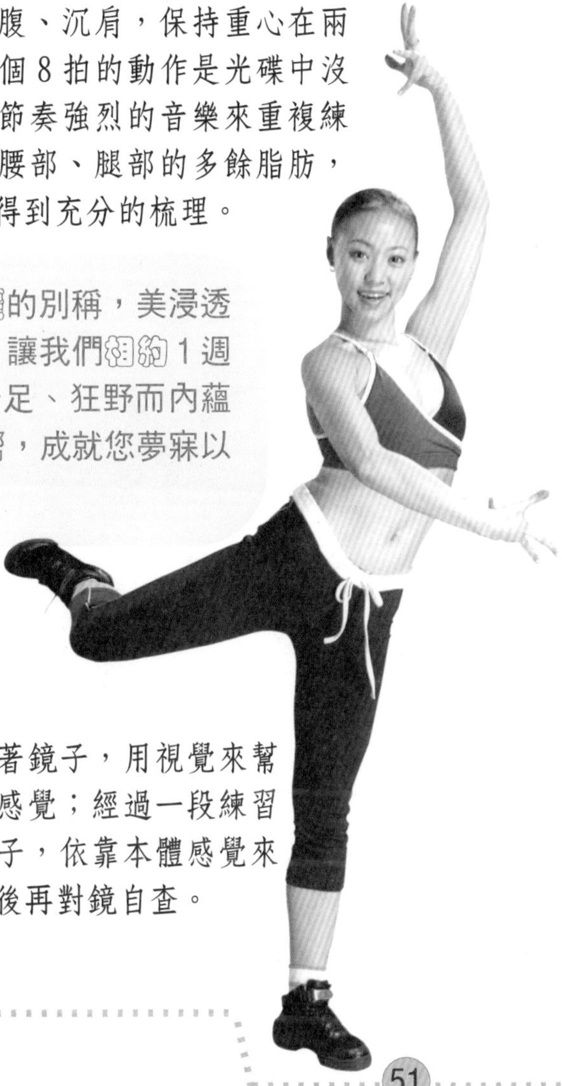

叮嚀

最初的練習要對著鏡子，用視覺來幫助自己建立正確動作感覺；經過一段練習之後，要敢於擺脫鏡子，依靠本體感覺來領會舞蹈的美感，然後再對鏡自查。

51 支撐腿直立，
另一腿向後抬至 25 度、
45 度或 90 度。

51

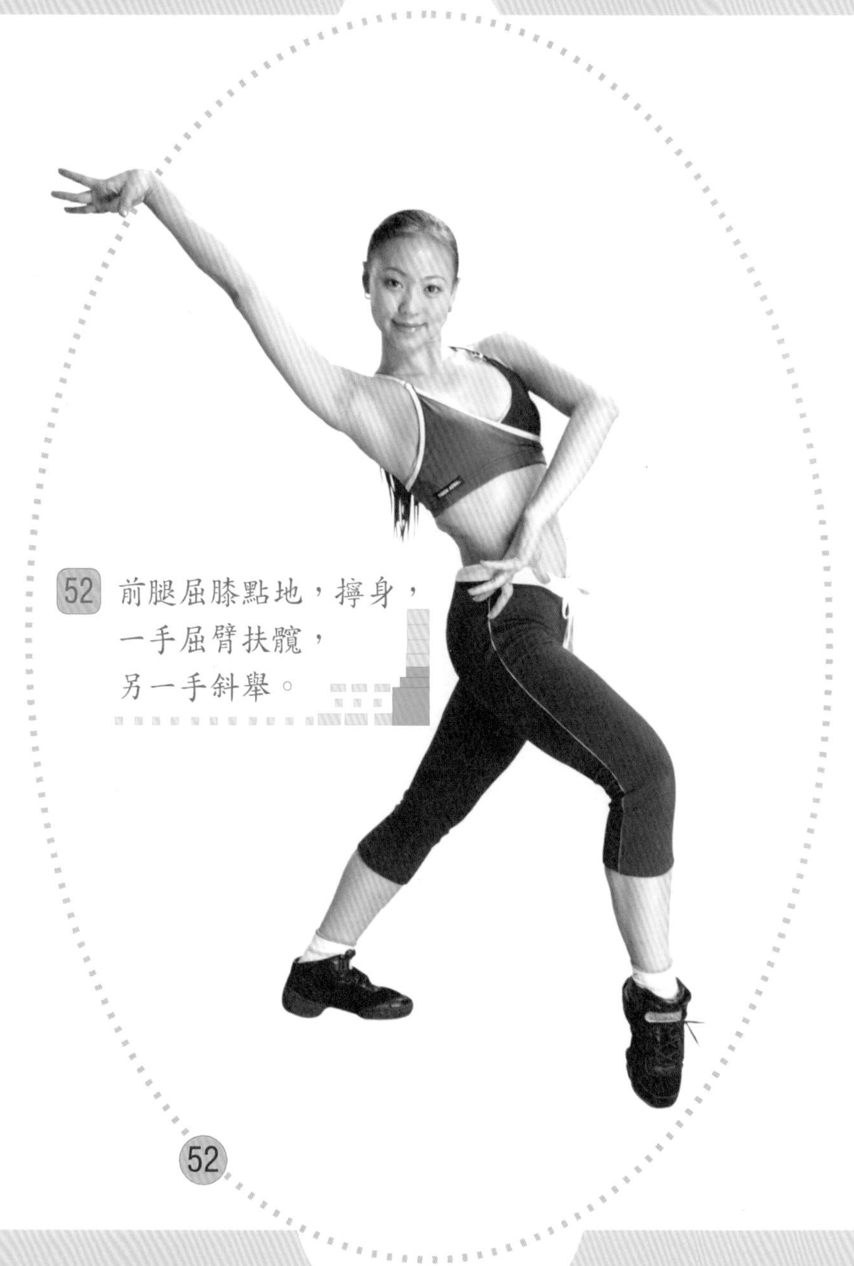

52 前腿屈膝點地，擰身，
一手屈臂扶髖，
另一手斜舉。

52

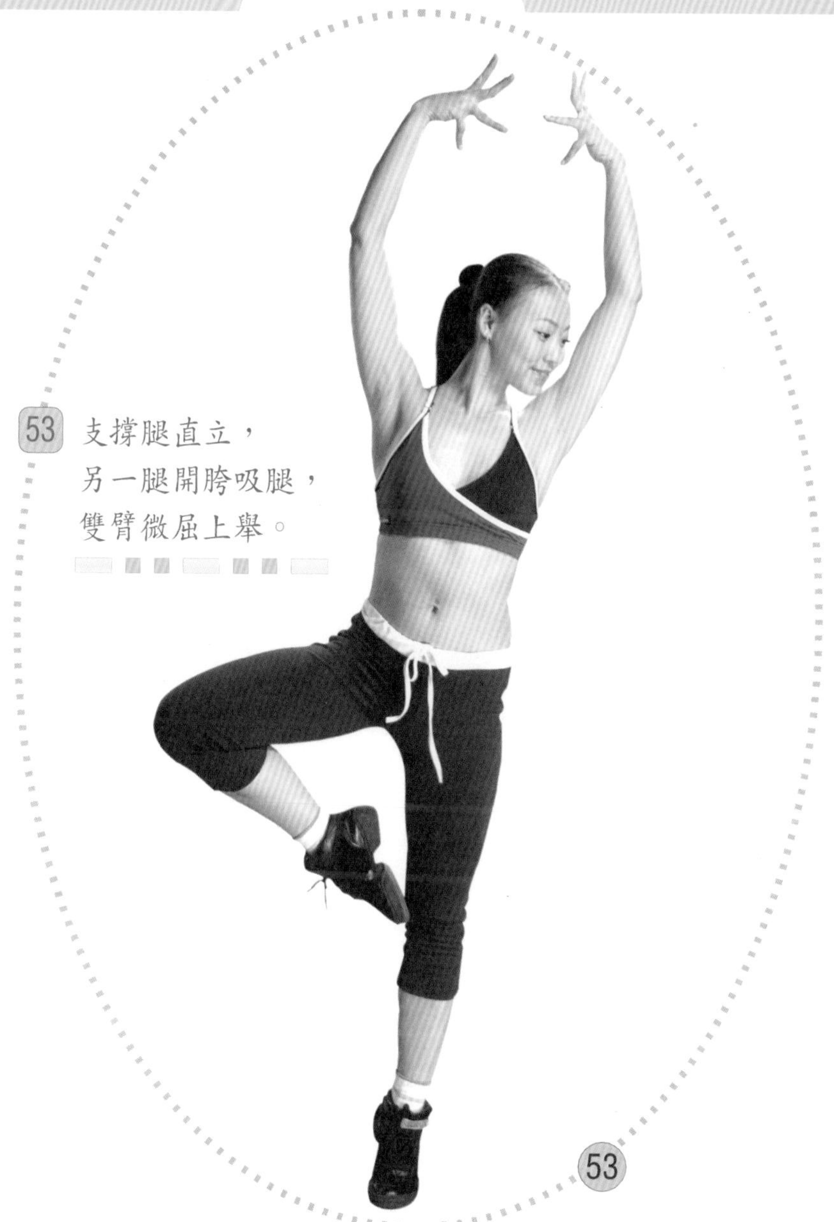

53 支撐腿直立，
另一腿開胯吸腿，
雙臂微屈上舉。

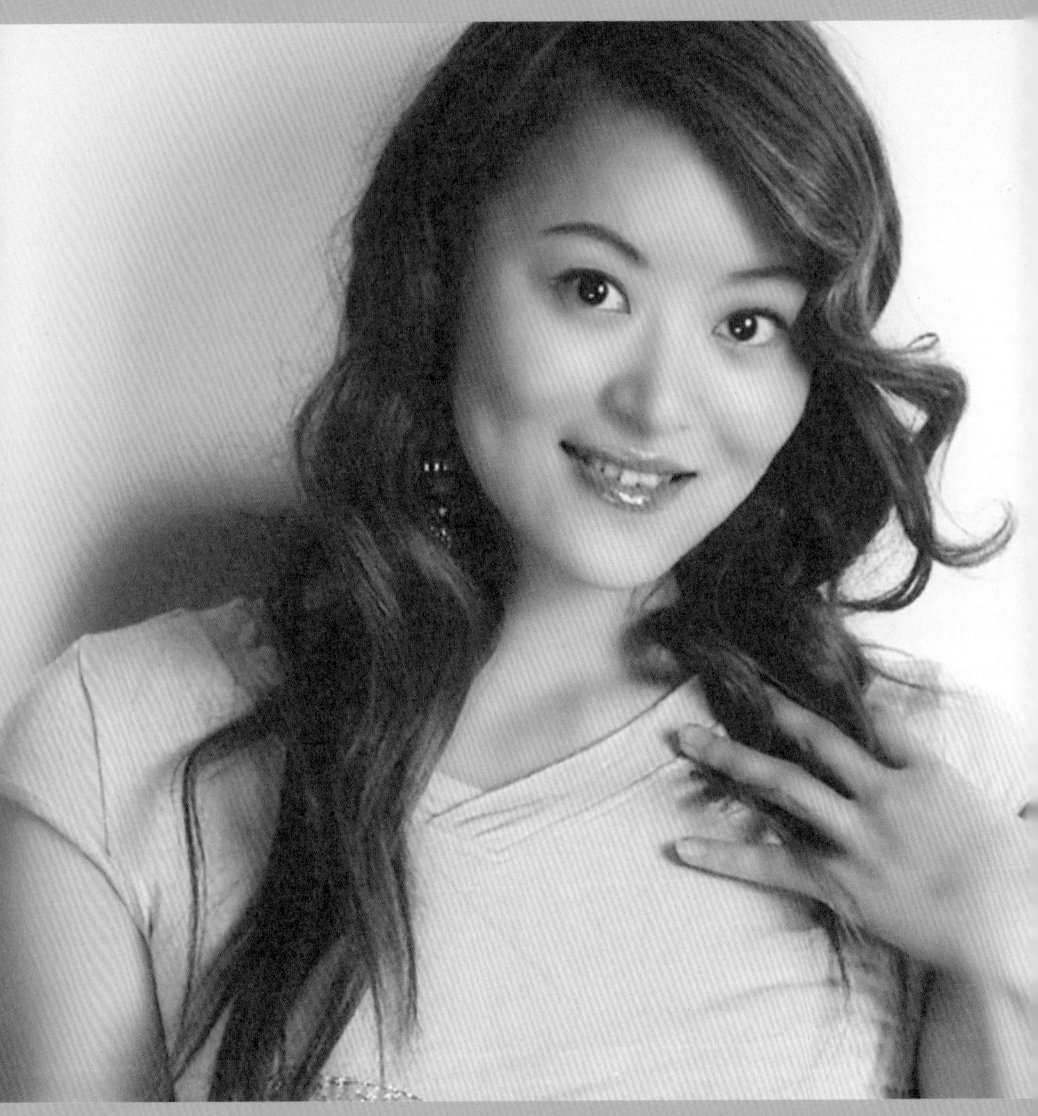

絢麗多彩的夏日掠過流動的虹，塗滿火焰般的激情，
勾勒出令人屏息的拉丁女郎。
勁爆的節奏！強烈的鼓點！感悟異域的拉丁文化，
讓曼妙的肢體語言點燃每一顆激蕩的心，
狂野中的性感，令人如痴如醉，趨之若鶩，
款款舞動風韻迷人的身軀，做大膽張揚的[illegible]
炫出一個玲瓏絕世的女人。

熱舞瘦身小品之夏日激情

叮嚀

很多報刊不約而同地鼓吹進食含纖維素的食物來降低體內膽固醇，沒錯，它是能降低每公升1.1毫克，其中還包含HDL膽固醇，可是一公升是250毫克，這沒有任何實際意義：

沉且纖維素到達大腸被細菌消化後，也會產生大量熱能。

食用脫脂或低脂飲食，同樣無法降低血液膽固醇含量。

所以不要試圖用吃一點什麼之類的方法，輕易達到減肥的目的；

多跳跳舞，讓自己身體緊實，動作優雅，最好不過了。

02 支撐腿直立，
另一腿向內屈膝點地頂髖，
一手扶髖，一手旁屈。

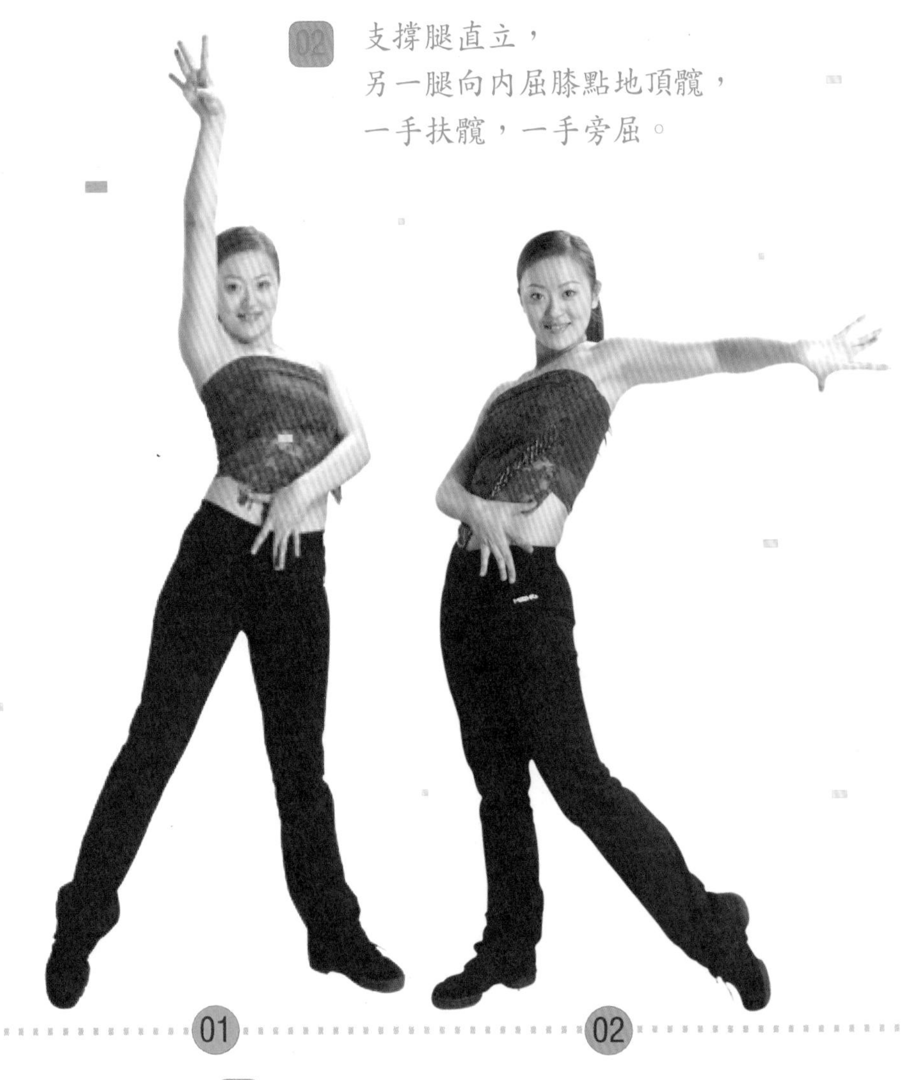

01 02

01 支撐腿直立，另一腿旁點，
一手扶髖，另一手上屈。

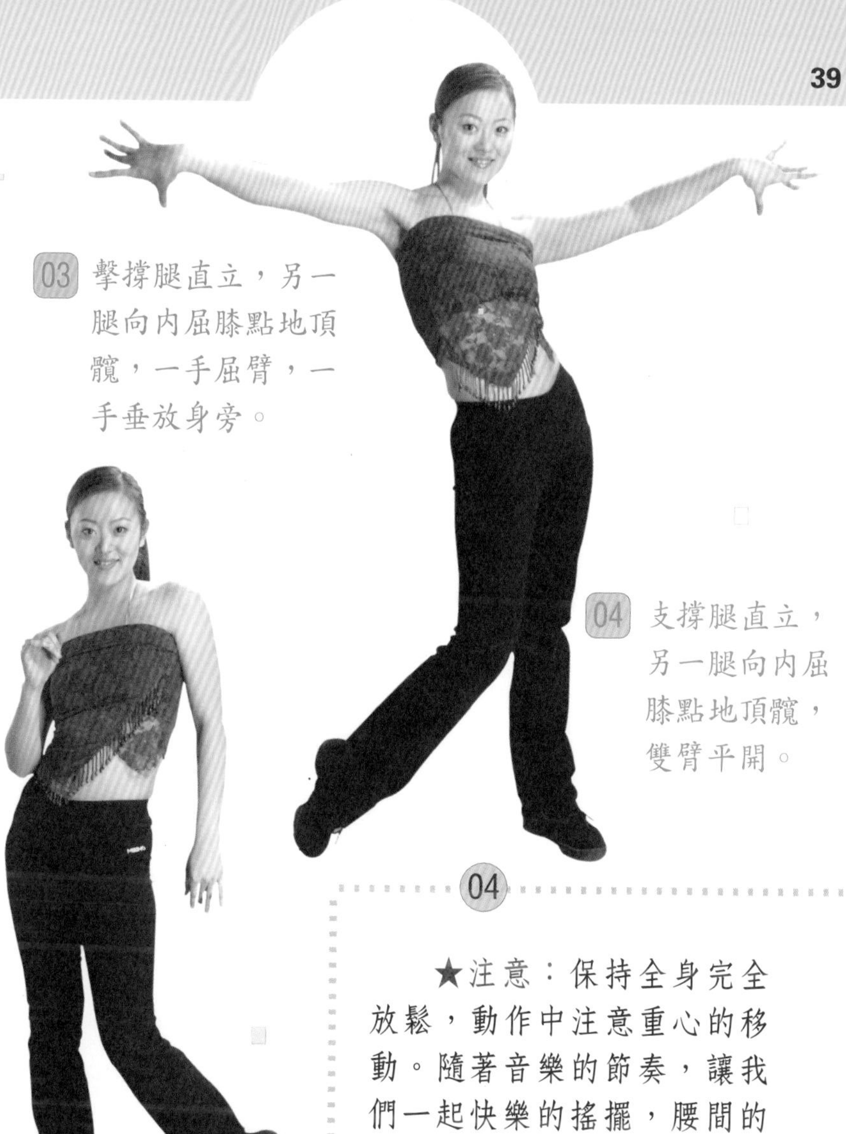

03 擊撐腿直立，另一腿向內屈膝點地頂髖，一手屈臂，一手垂放身旁。

04 支撐腿直立，另一腿向內屈膝點地頂髖，雙臂平開。

★注意：保持全身完全放鬆，動作中注意重心的移動。隨著音樂的節奏，讓我們一起快樂的搖擺，腰間的脂肪將會悄悄地溜走，呈現您性感的纖纖細腰。

動作段落見（圖 01-13）

06 支撐腿直立，
另一腿向後點
地頂髖，雙手平開。

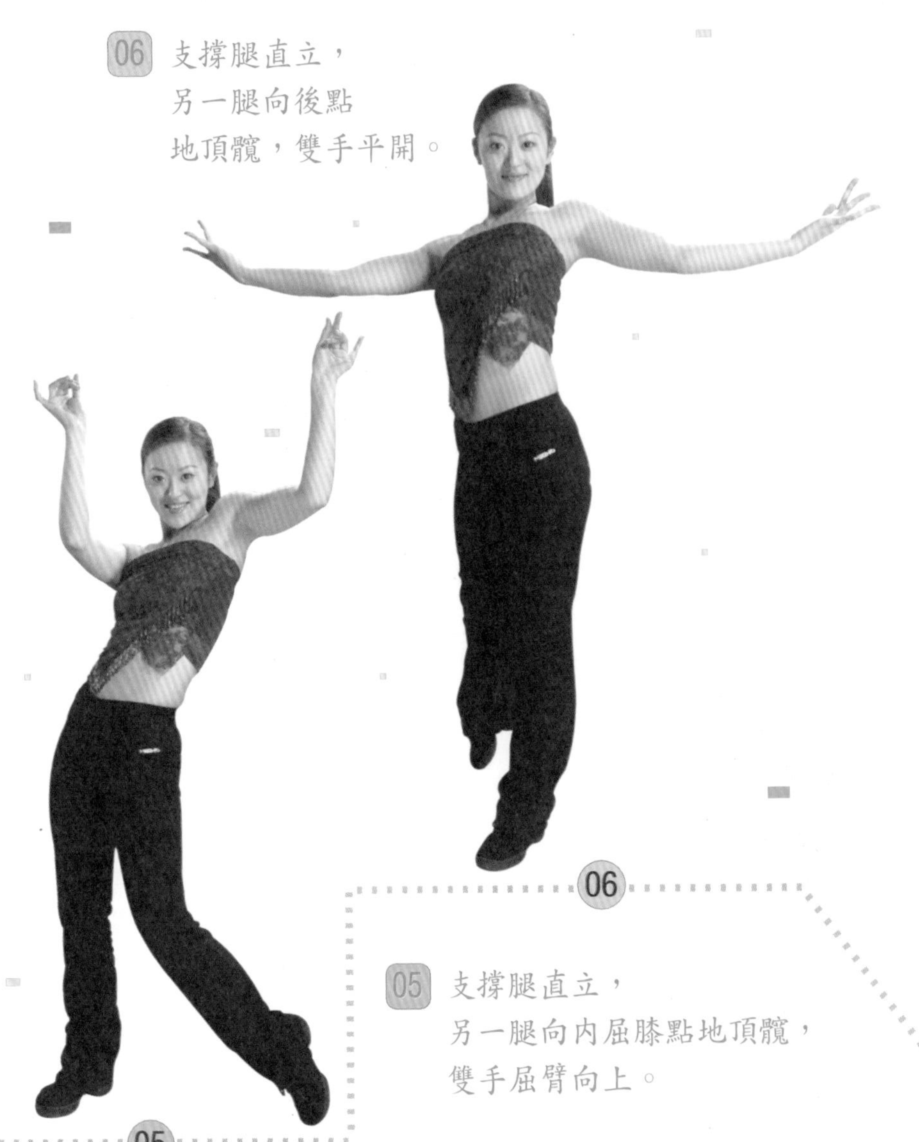

05 支撐腿直立，
另一腿向內屈膝點地頂髖，
雙手屈臂向上。

07 支撐腿直立，另一腿點地，雙手屈臂扶肋，挺胸。

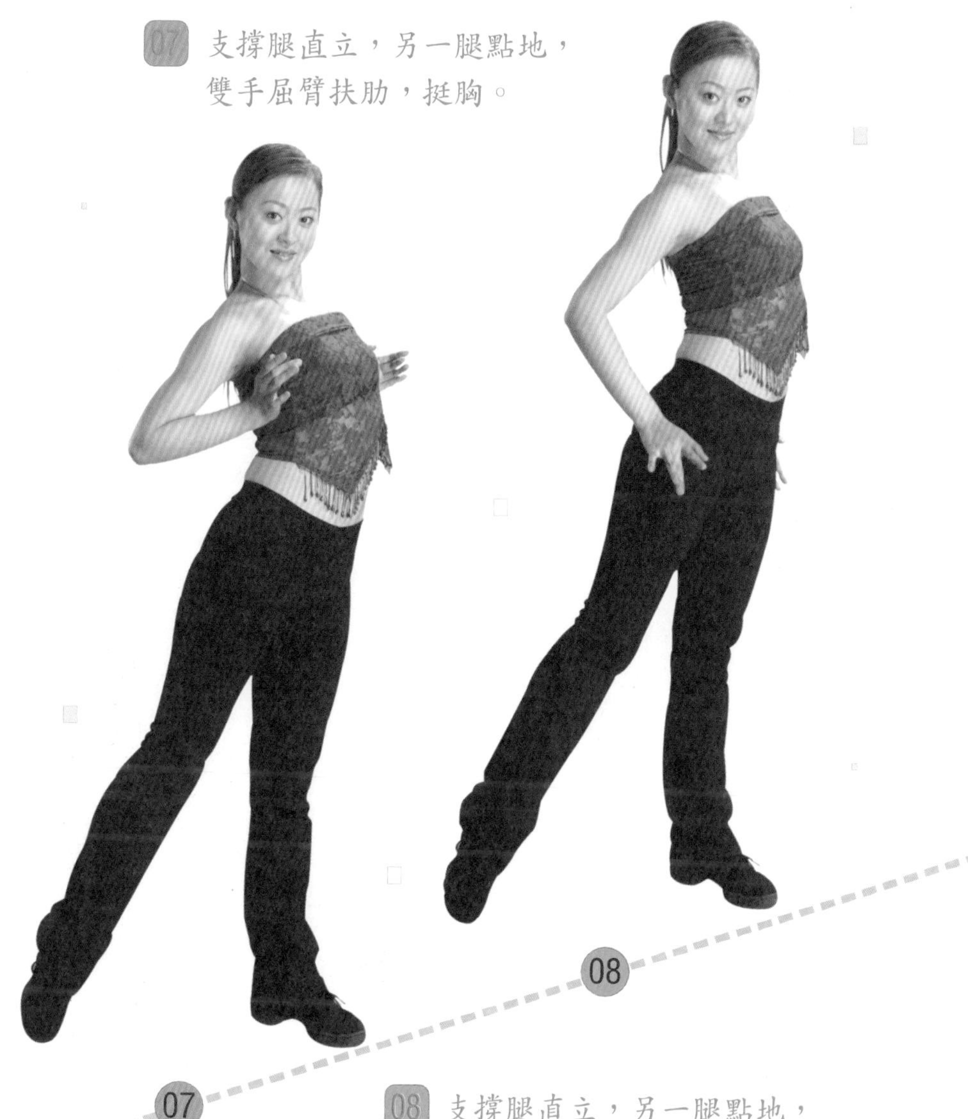

08 支撐腿直立，另一腿點地，雙手屈臂扶髖，挺胸。

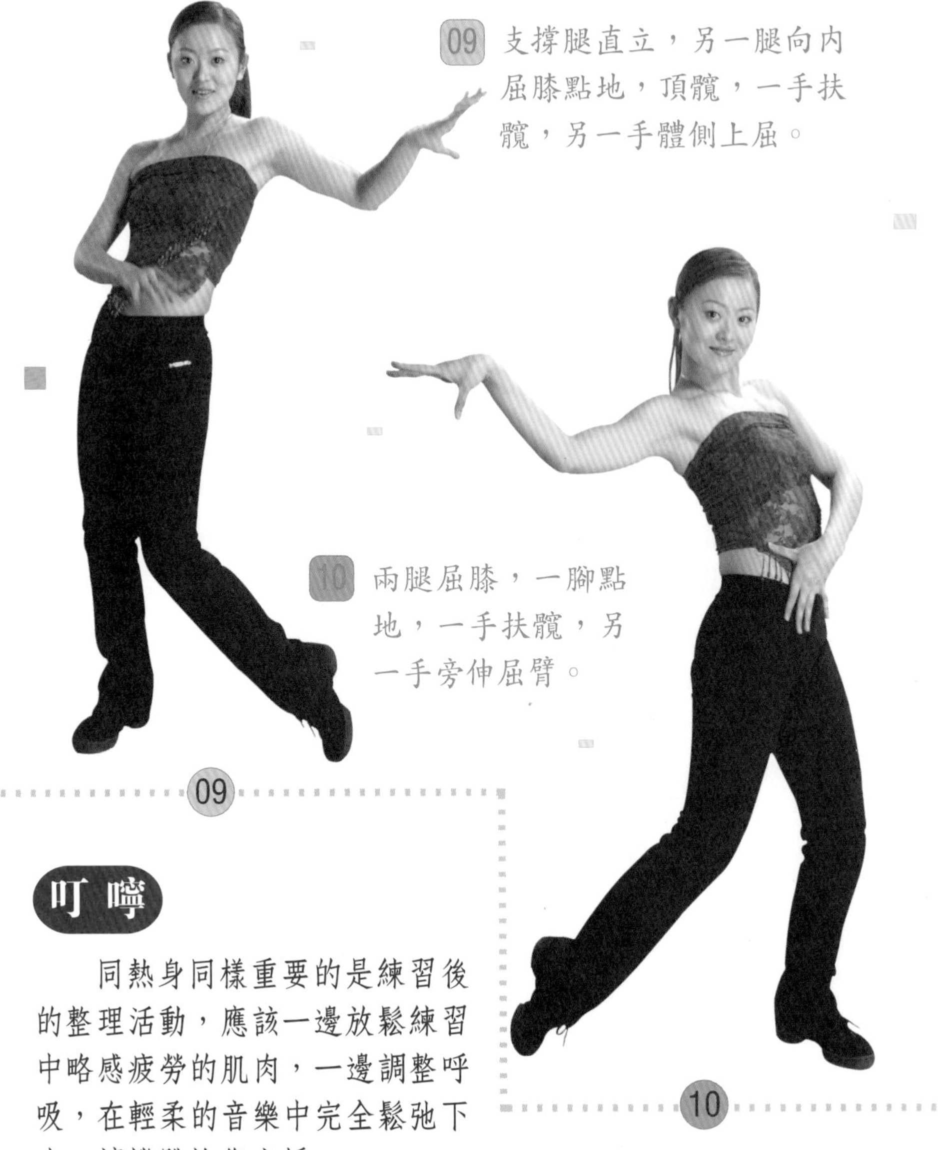

09 支撐腿直立，另一腿向內屈膝點地，頂髖，一手扶髖，另一手體側上屈。

10 兩腿屈膝，一腳點地，一手扶髖，另一手旁伸屈臂。

叮嚀

同熱身同樣重要的是練習後的整理活動，應該一邊放鬆練習中略感疲勞的肌肉，一邊調整呼吸，在輕柔的音樂中完全鬆弛下來，讓機體恢復安靜。

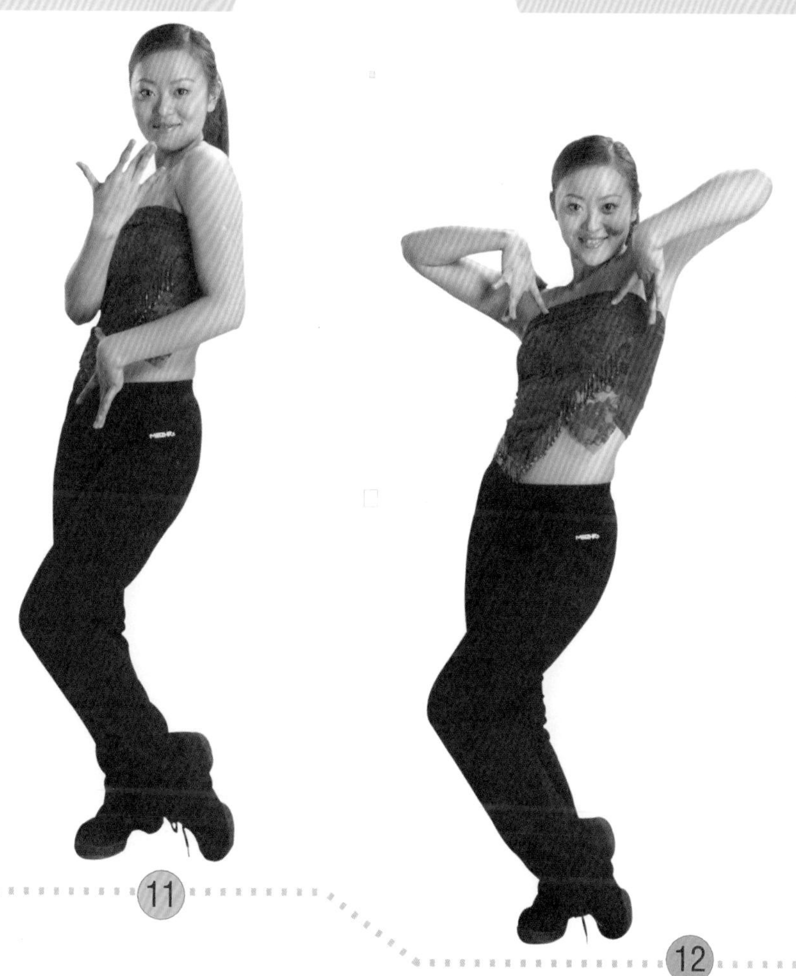

11 支撐腿直立，另一腿向內屈膝，一手扶髖，另一手向上屈臂。

12 支撐腿直立，另一腿向內屈膝，雙屈臂，面部前提腕。

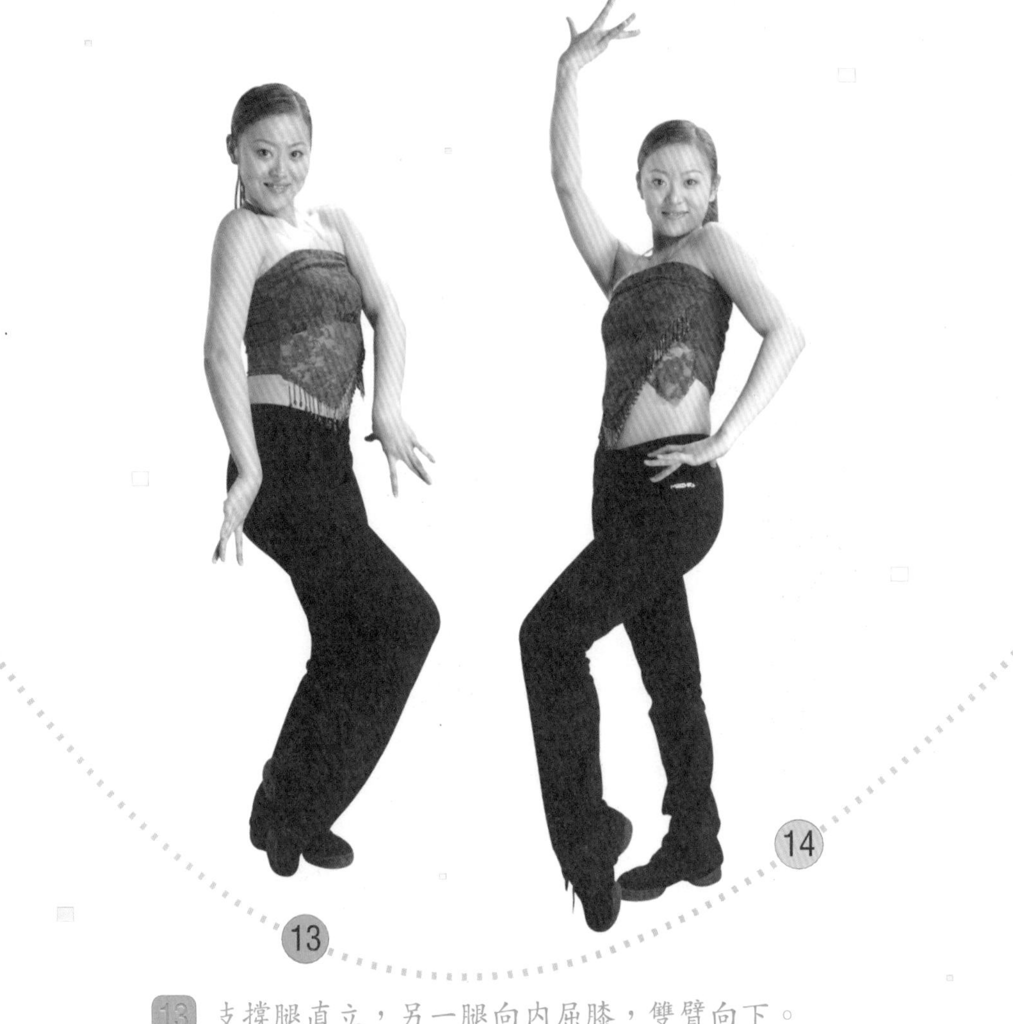

13 支撐腿直立，另一腿向內屈膝，雙臂向下。

14 支撐腿直立，另一腿向內屈膝，一手叉腰，另一手向上，手心向內，微聳肩。

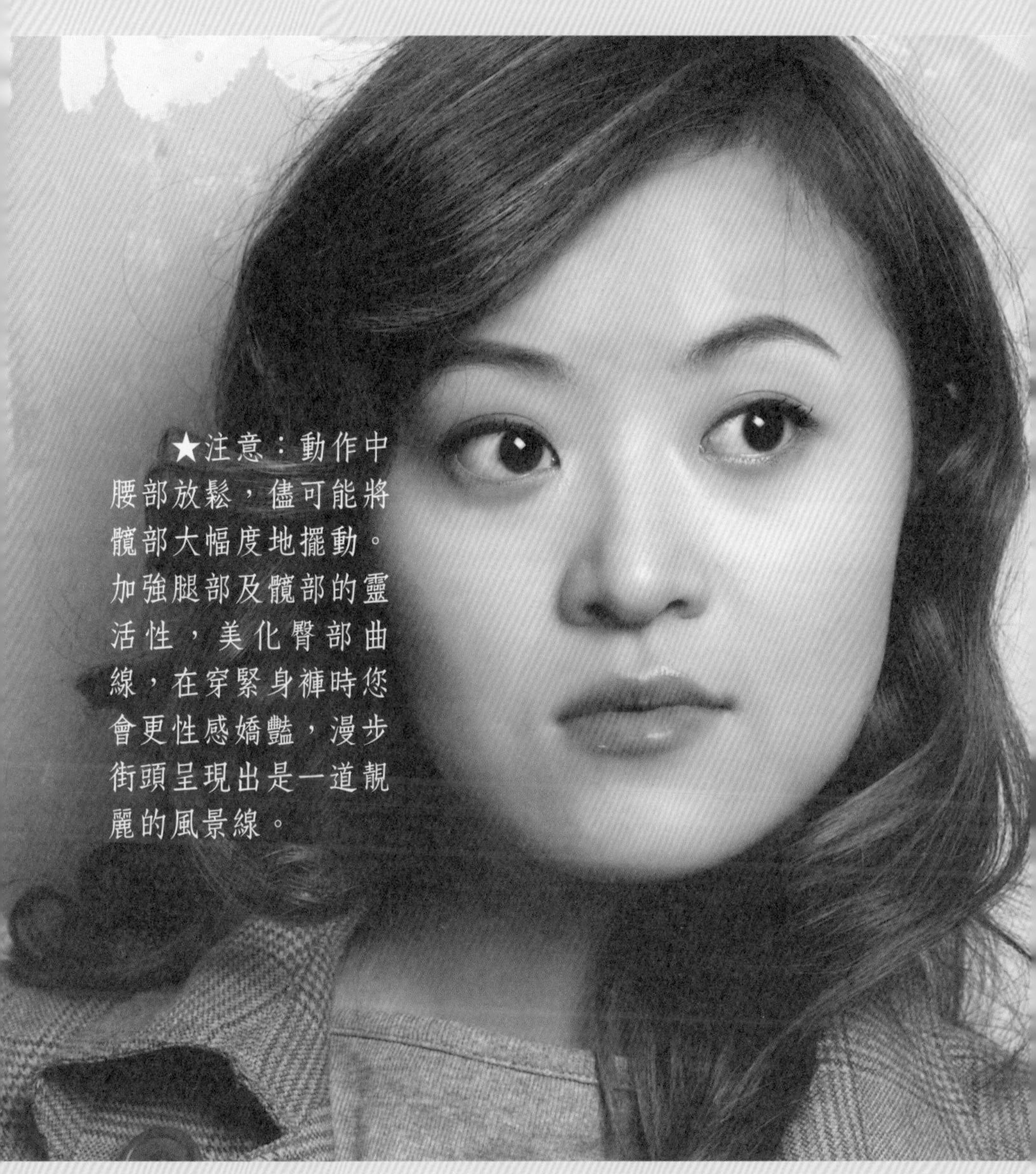

★注意：動作中腰部放鬆，儘可能將髖部大幅度地擺動。加強腿部及髖部的靈活性，美化臀部曲線，在穿緊身褲時您會更性感嬌豔，漫步街頭呈現出是一道靚麗的風景線。

16 再轉體雙屈膝，一腳點地，
一手叉腰，另一手屈臂於頭側。

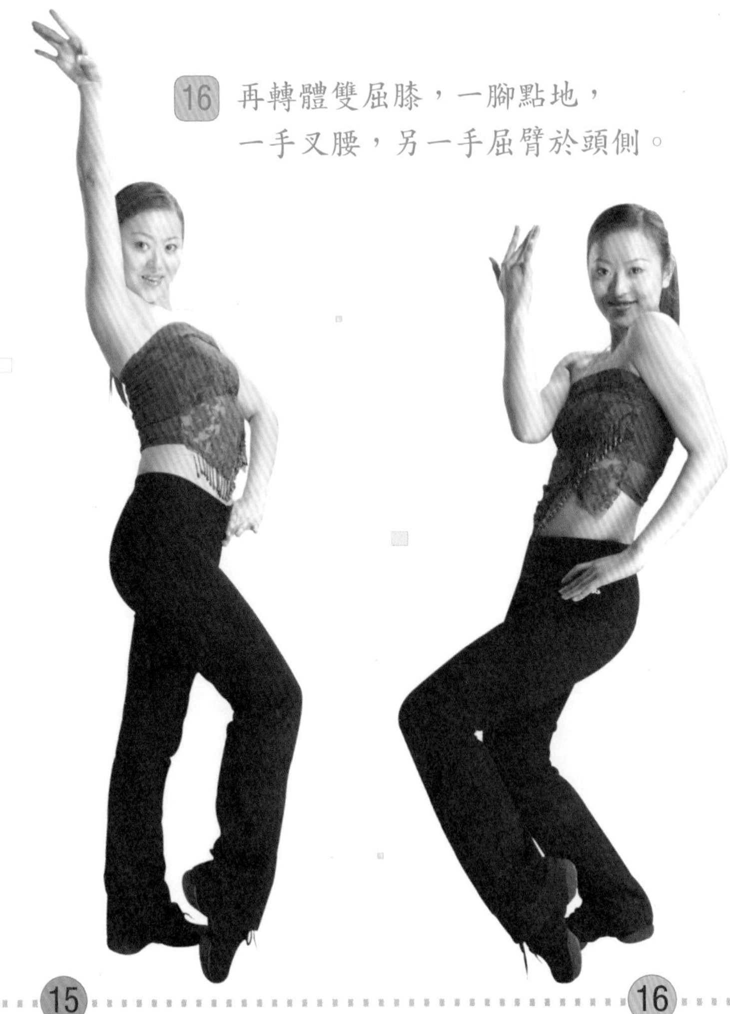

15 16

15 轉體支撐腿直立，另一腿向內屈膝，
一手叉腰，另一手向上，
手心向外，微聳肩。

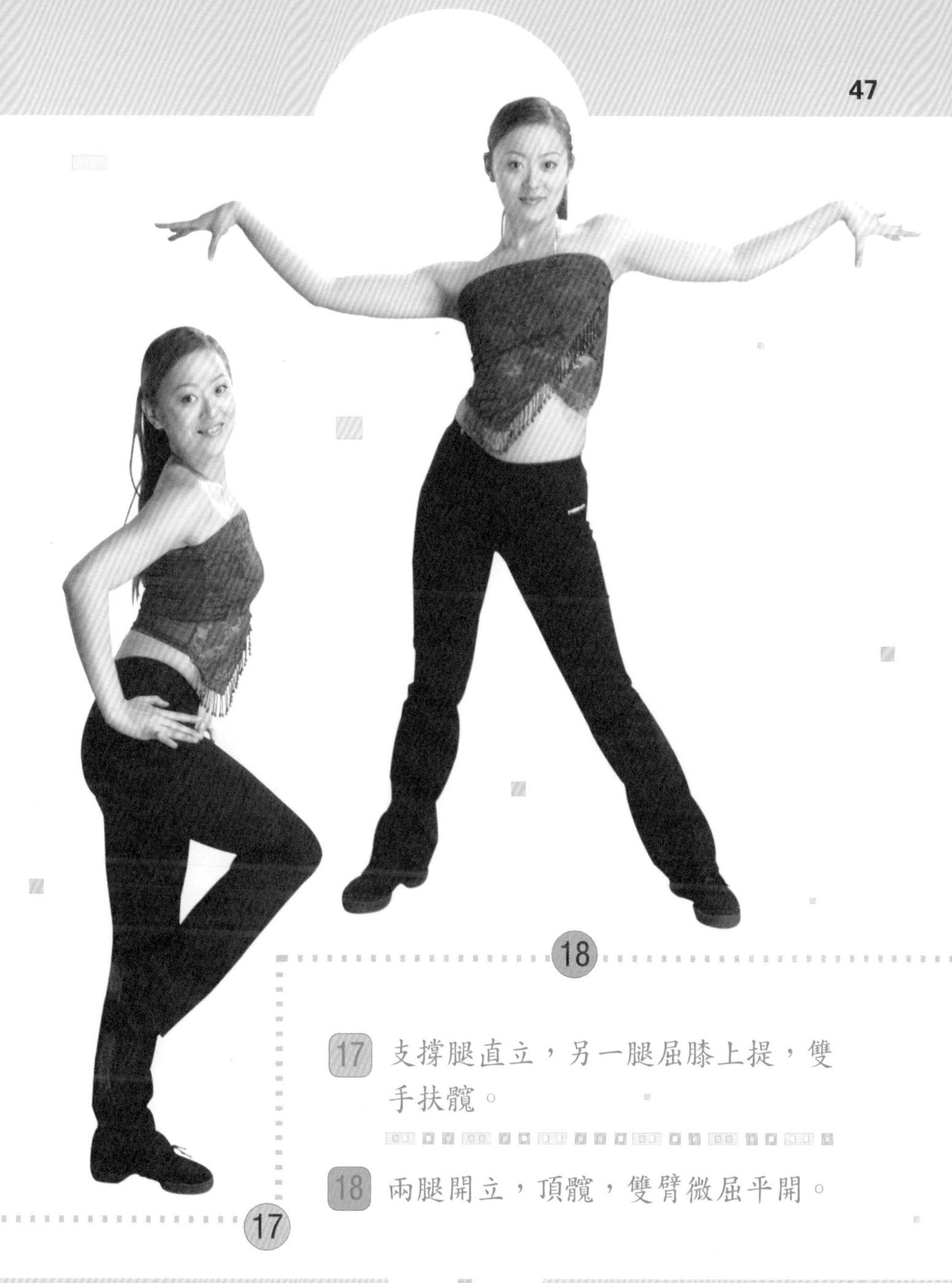

17 支撐腿直立，另一腿屈膝上提，雙手扶髖。

18 兩腿開立，頂髖，雙臂微屈平開。

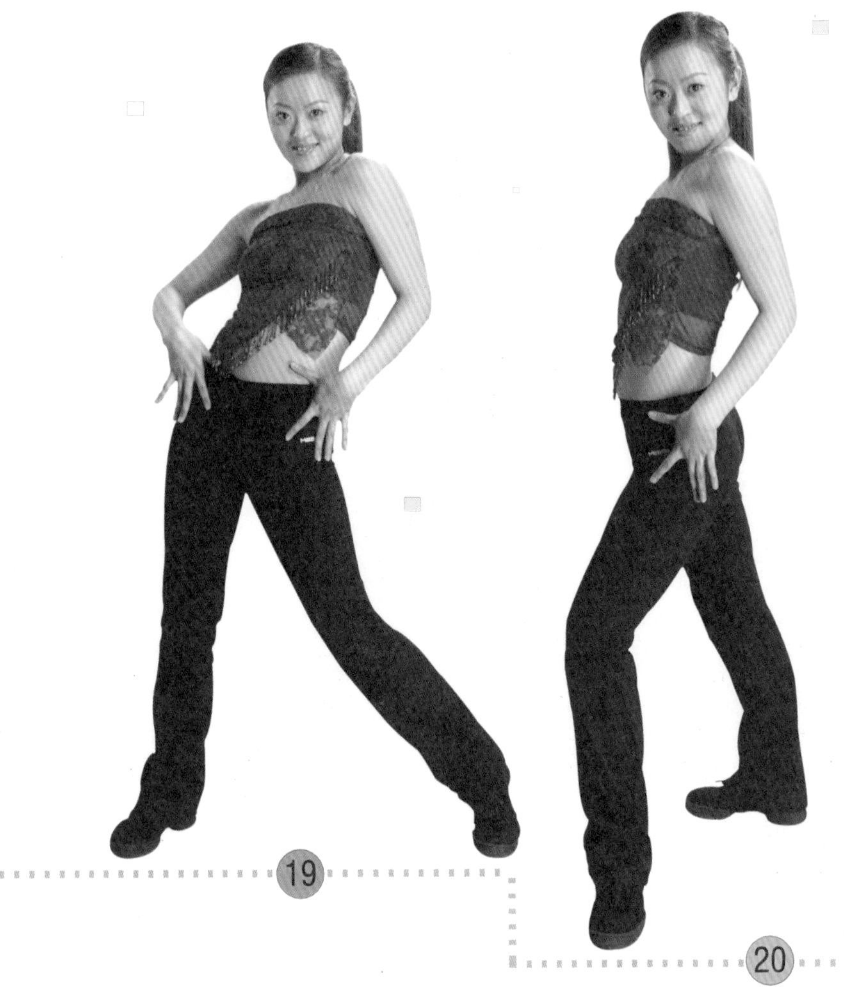

19 支撐腿直立頂髖，另一腿微屈旁點，屈臂扶髖。

20 前腿微屈，雙屈臂扶髖。

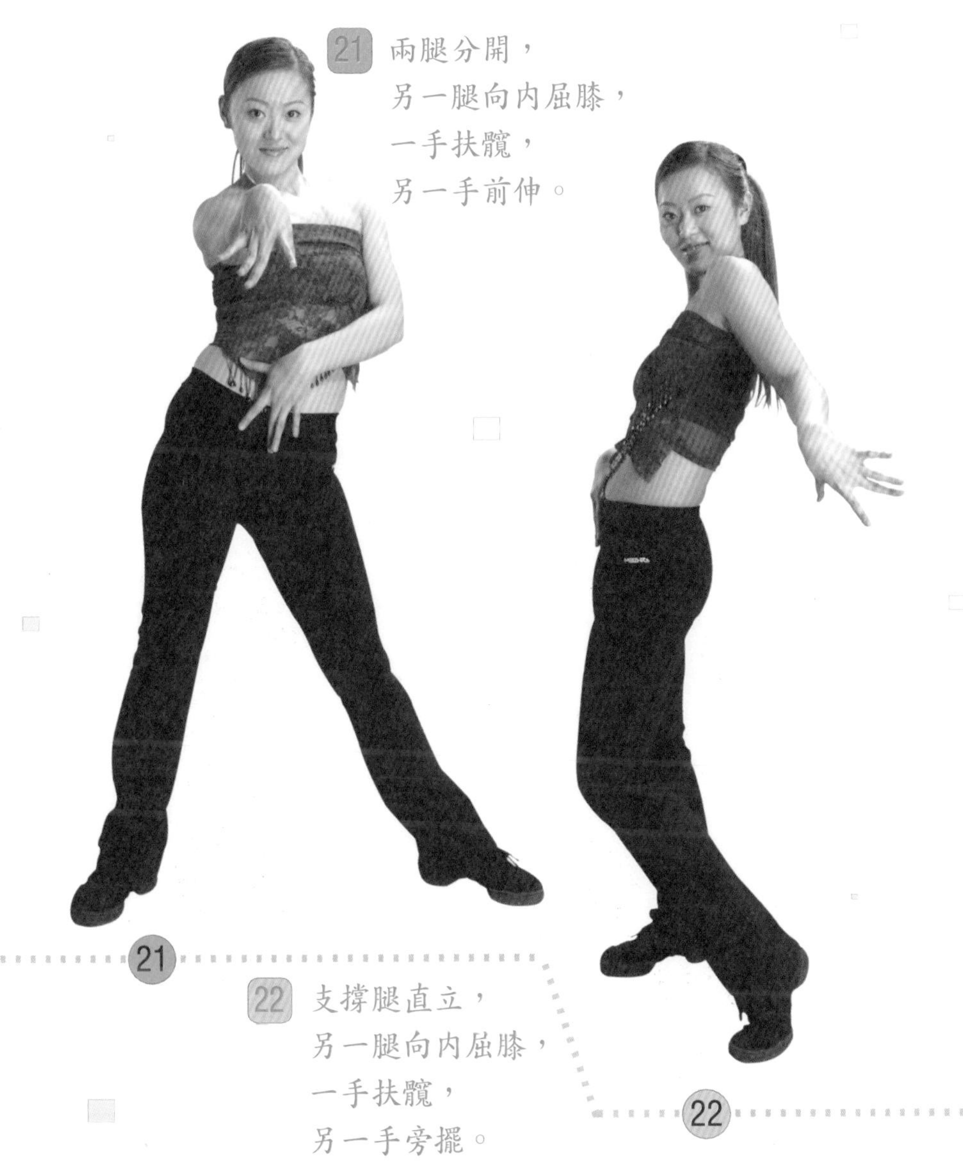

21 兩腿分開，
另一腿向內屈膝，
一手扶髖，
另一手前伸。

21

22 支撐腿直立，
另一腿向內屈膝，
一手扶髖，
另一手旁擺。

22

23 兩腿微屈，向前頂髖，雙手向斜下平開。

24 兩腿屈膝頂髖，雙手扶髖。

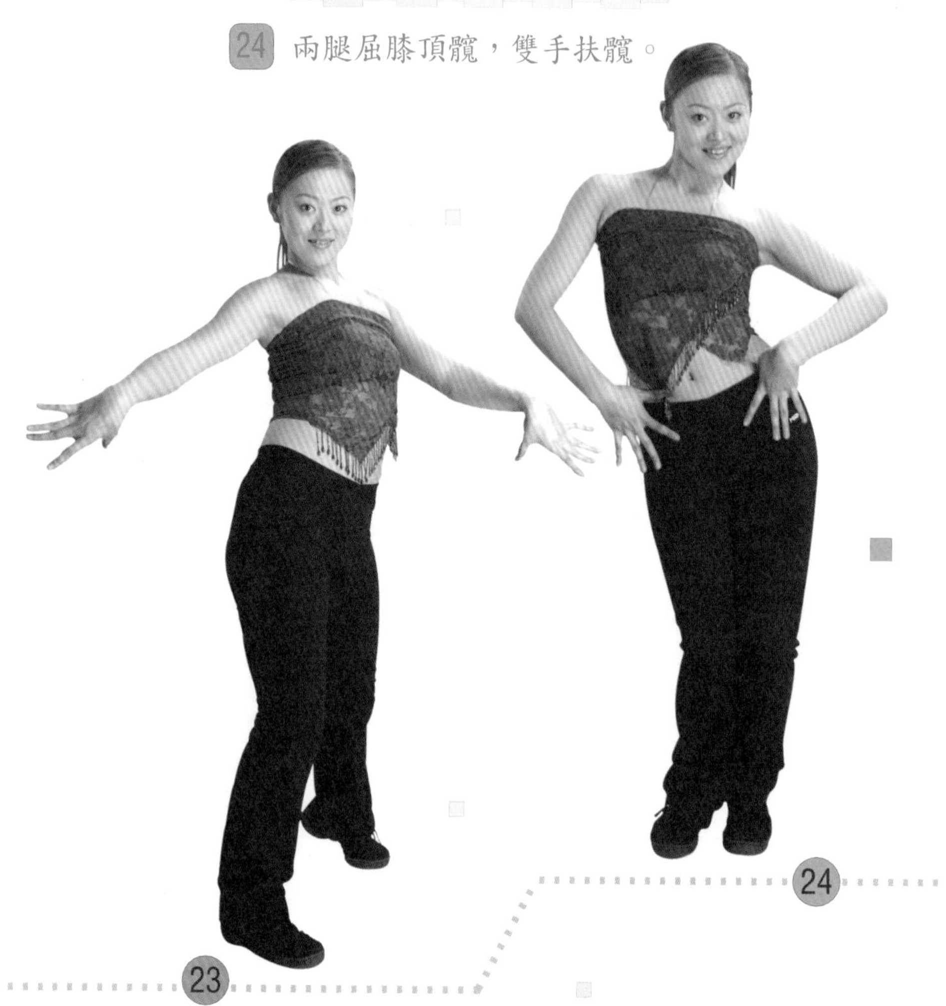

25 支撐腿直立，
另一腿屈膝前點，
單屈臂扶頭。

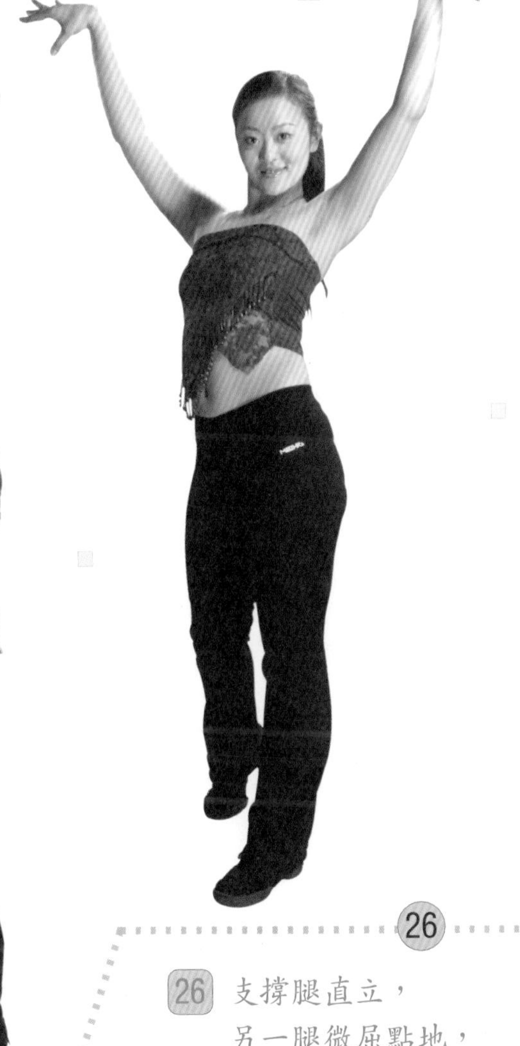

25

26

26 支撐腿直立，
另一腿微屈點地，
雙臂微屈斜上舉。

叮嚀

腰腹部是我們身體上最笨的一處，也最易積存脂肪。

仔細體會我們大量安排的腰腹動作，想想看，如果這最笨的都風情萬種，那還有什麼可怕的！

27 支撐腿直立，另一腿屈膝點地，擰身聳肩，雙屈臂向上。

★注意：動作間的銜接要流暢，身體與四肢的配合要協調。

讓身體變得更加敏捷，提高均衡感，塑造迷人的身姿。

27

28 支撐腿直立，另一腿向後點地，雙臂向上伸直。

29 支撐腿直立，另一腿向後點地，雙屈臂扶肋挺胸。

30 支撐腿直立，另一腿向後點地，雙臂向下垂放。

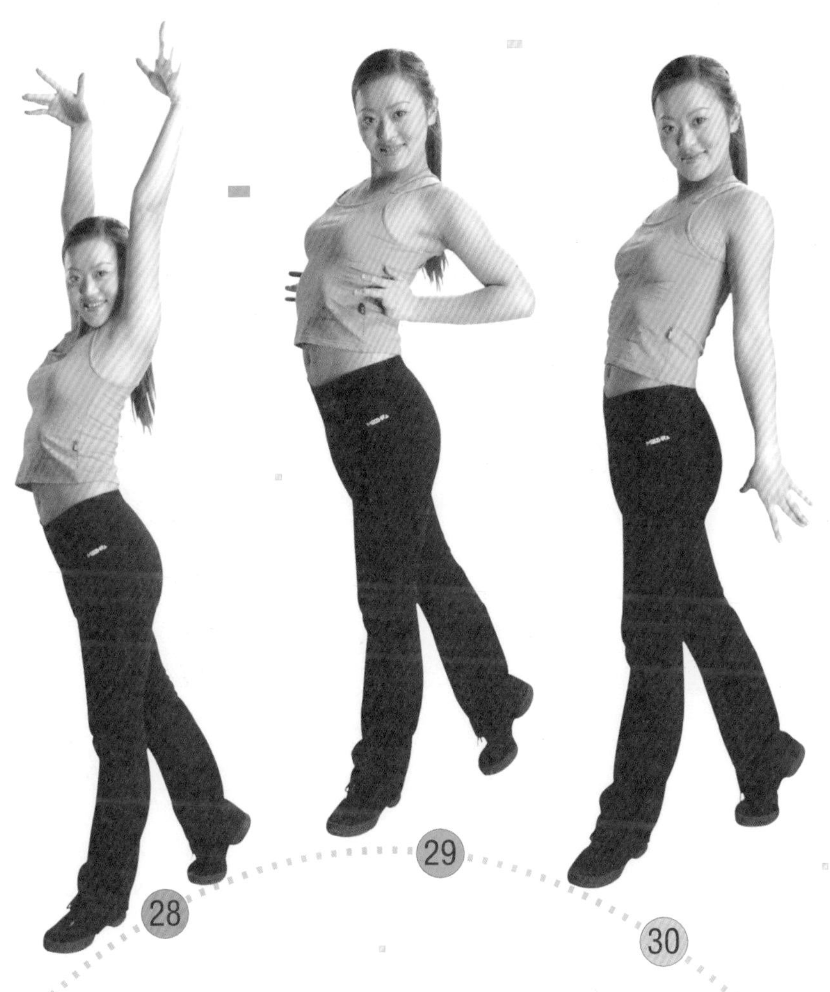

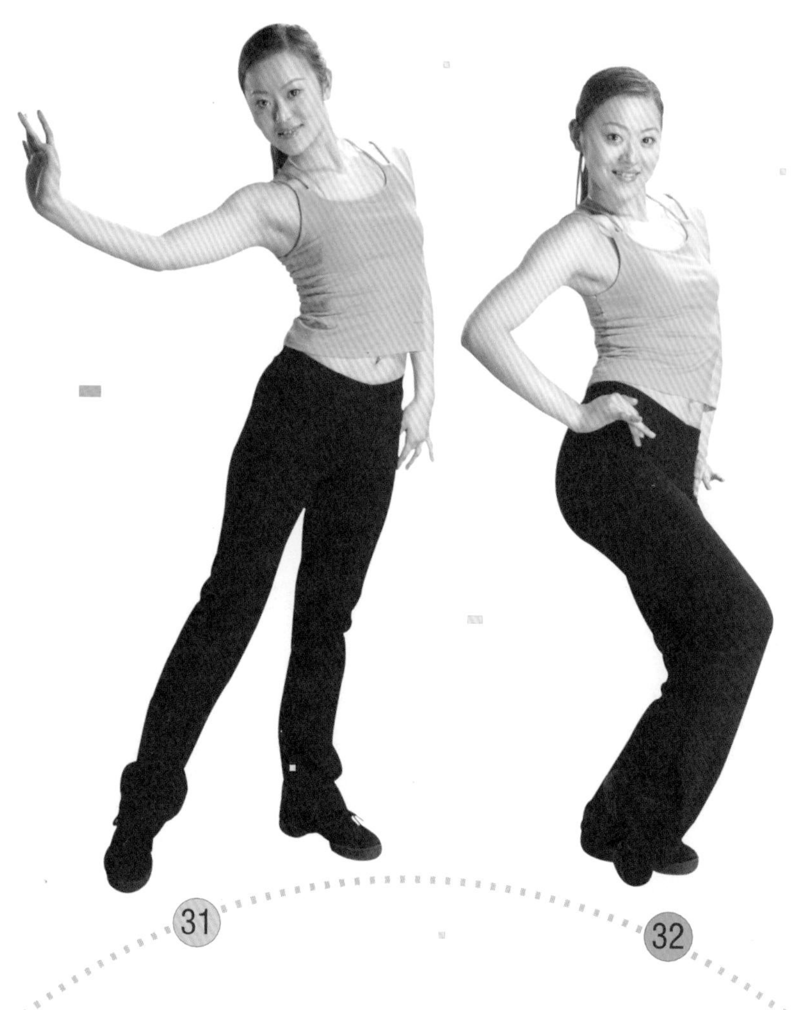

31 支撐腿直立，另一腿向旁點地，單臂旁伸推手。

32 兩腿屈膝，一腳點地，擰身挺胸。

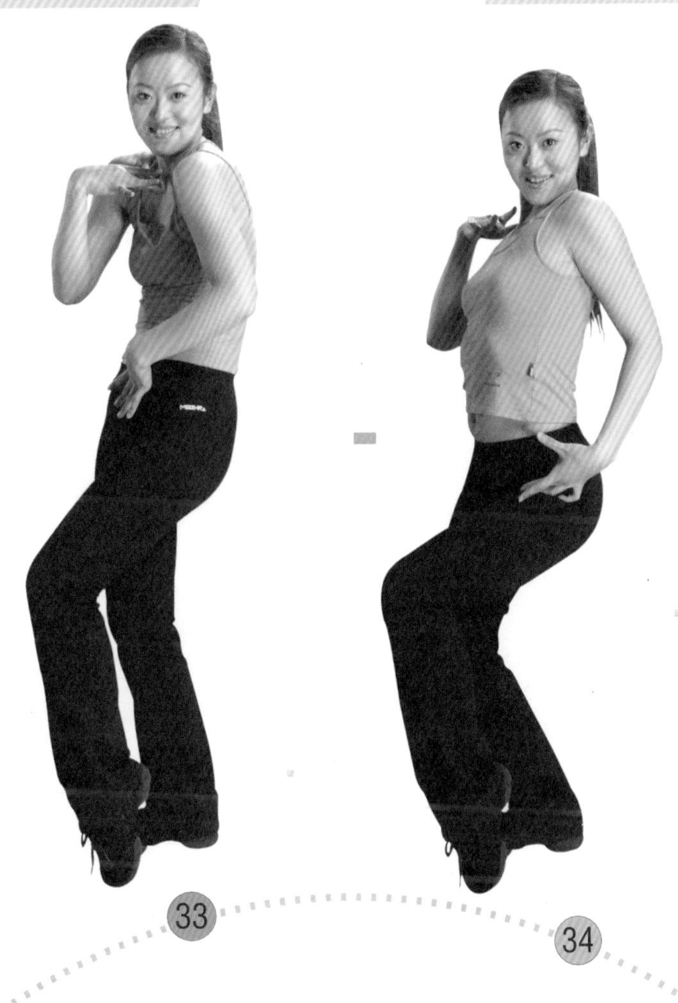

33 支撐腿屈膝，另一腿屈膝點地，一手扶髖，另一手扶肩，含胸。

34 兩腿屈膝，一手扶髖，一手扶肩，擴胸。

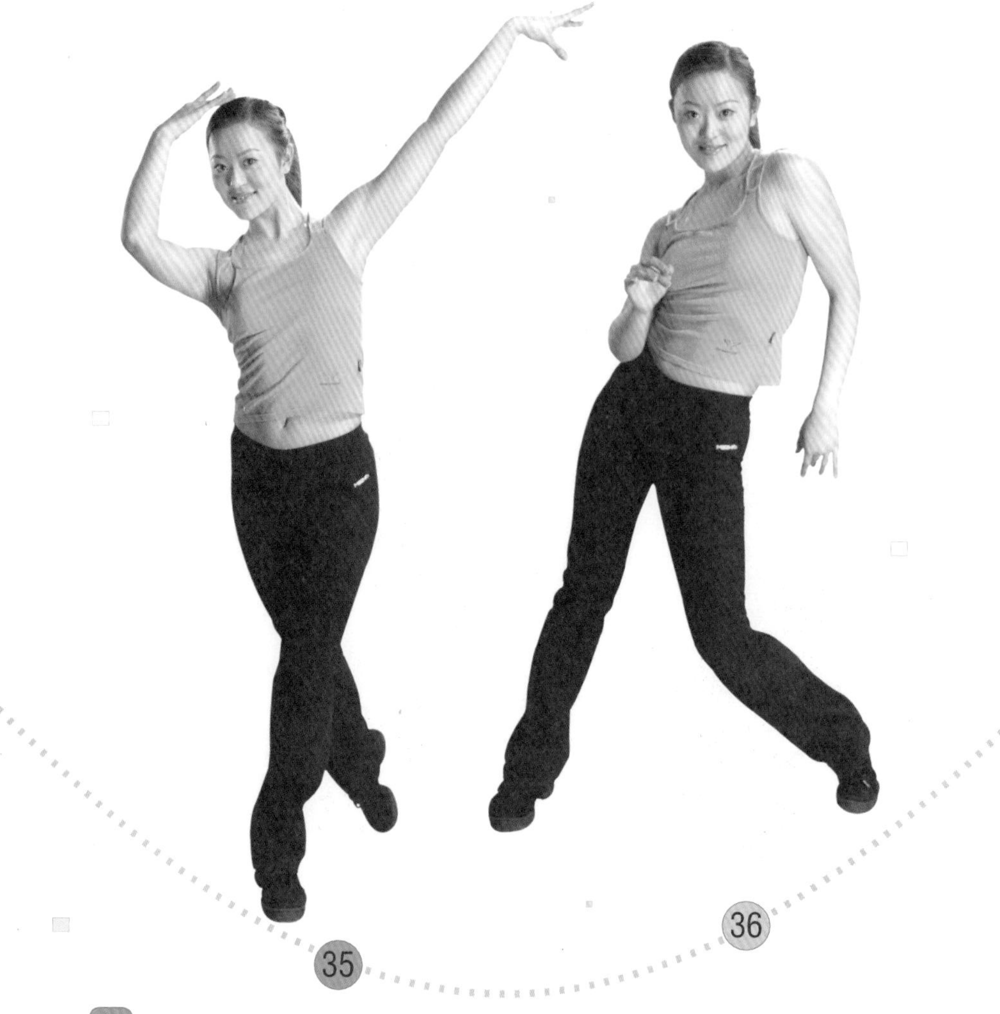

35 支撐腿直立，另一腳點地，一手扶頭，另一手側上舉。

36 支撐腿直立頂髖，另一腿向內屈膝，手自然擺動。

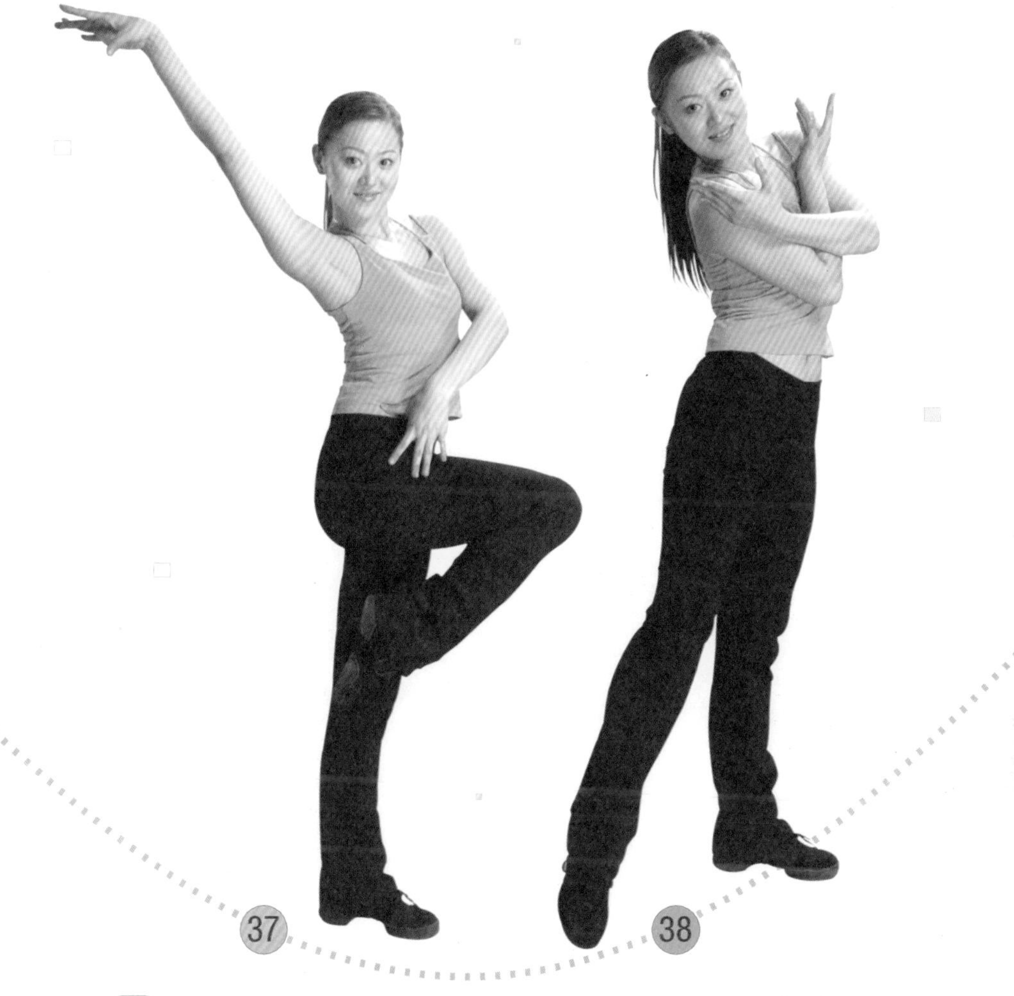

37 支撐腿直立，另一腿吸腿，一手扶髖，另一手斜上舉。

38 支撐腿直立，另一腿向旁點地，雙屈臂胸前交叉。

40 支撐腿直立，另一腿向內屈膝，雙屈臂手心向外。

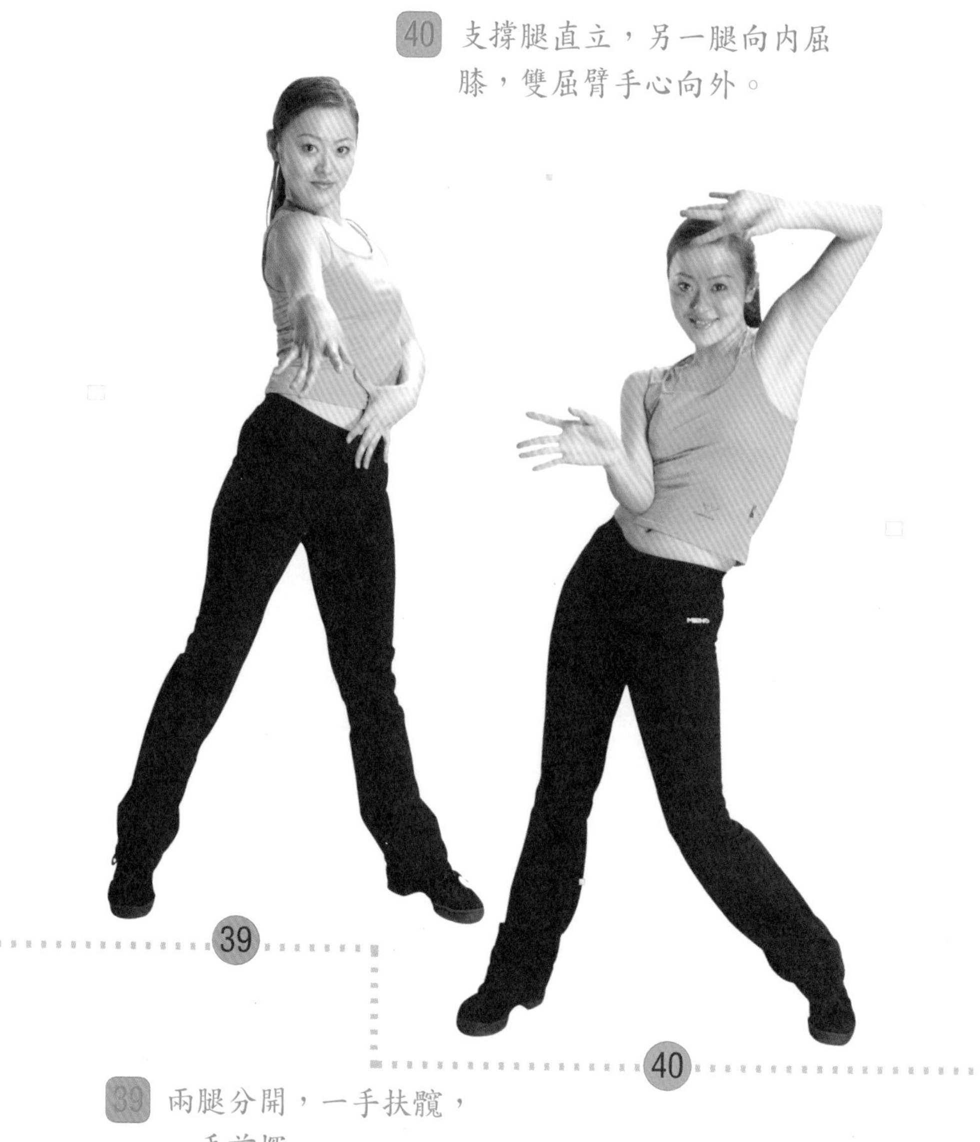

39 兩腿分開，一手扶髖，一手前探。

41 一腳前向邁步，聳肩，雙臂微屈平開。

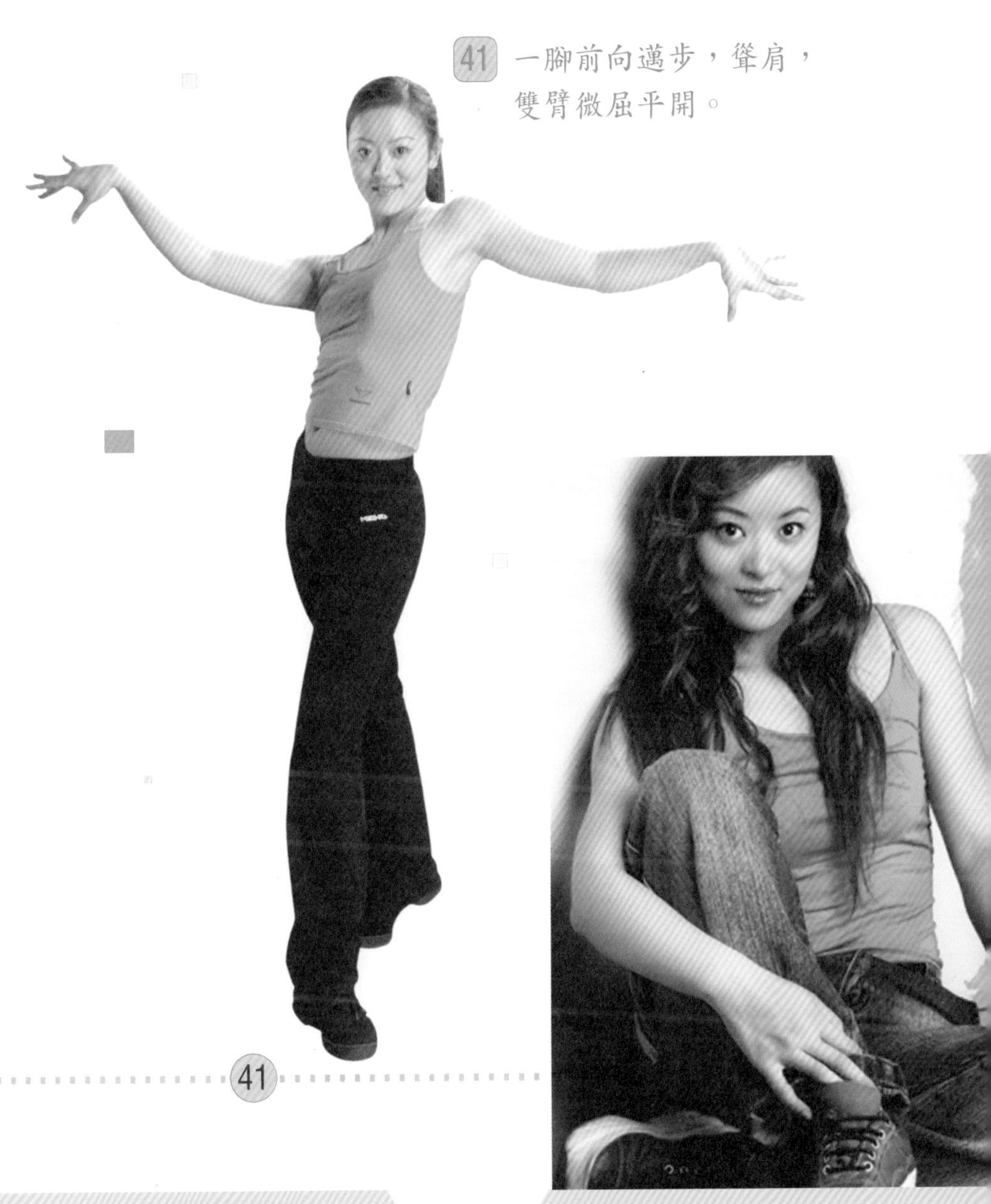

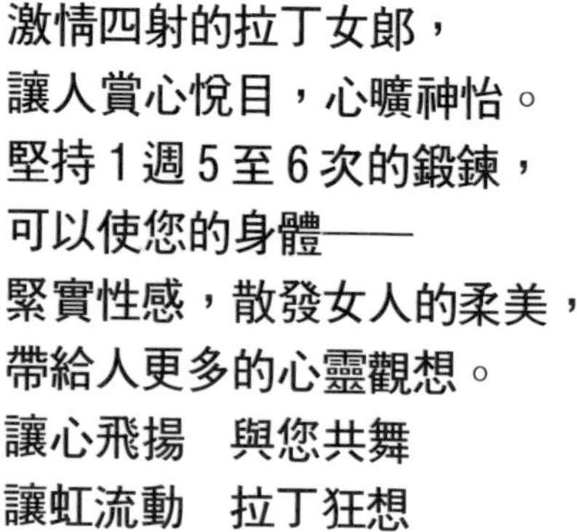

激情四射的拉丁女郎，
讓人賞心悅目，心曠神怡。
堅持1週5至6次的鍛鍊，
可以使您的身體——
緊實性感，散發女人的柔美，
帶給人更多的心靈觀想。
讓心飛揚　與您共舞
讓虹流動　拉丁狂想

★注意：肩部放鬆，手臂隨身體自由擺動。

本組4個8拍的動作是光碟中沒有的，您可選擇節奏明快的拉丁音樂來進行練習，動作中，注意帶上個人的感覺，自由發揮，舞出時尚的風采。

42 支撐腿直立，另一腿向前屈膝點地，一手旁伸，另一手斜上舉。

42

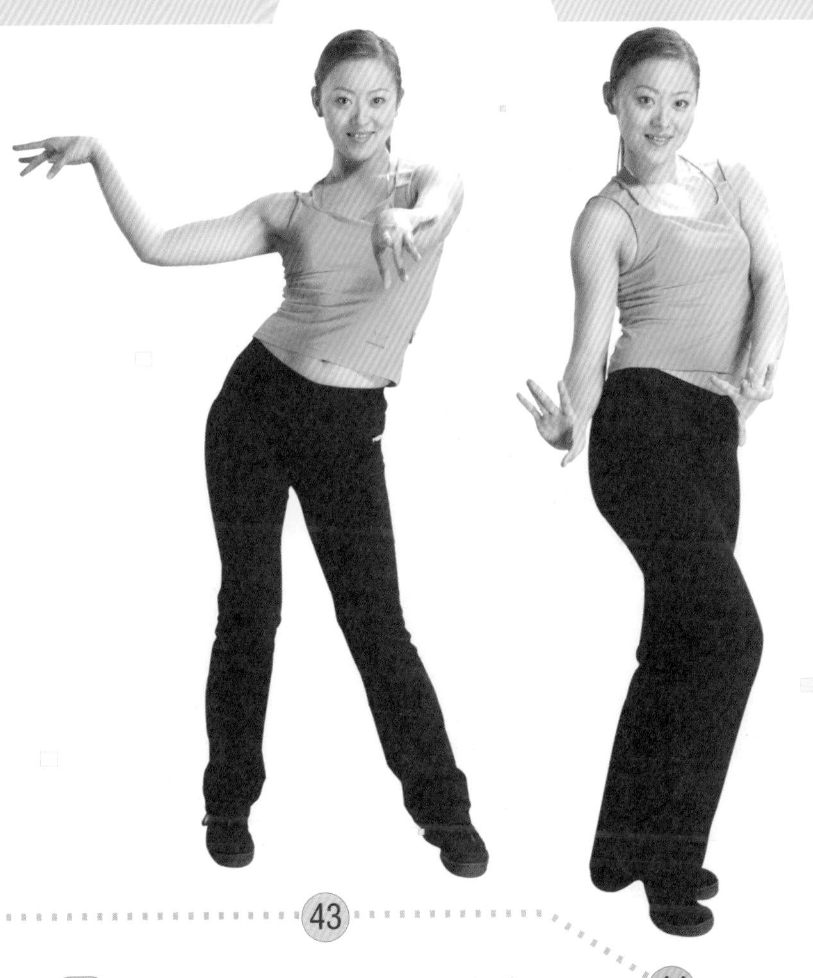

43 兩腿微屈分開，頂髖，雙臂微屈，一手向前，另一手旁開。

44 支撐腿微屈，另一腿向內屈膝點地，雙臂前擺。

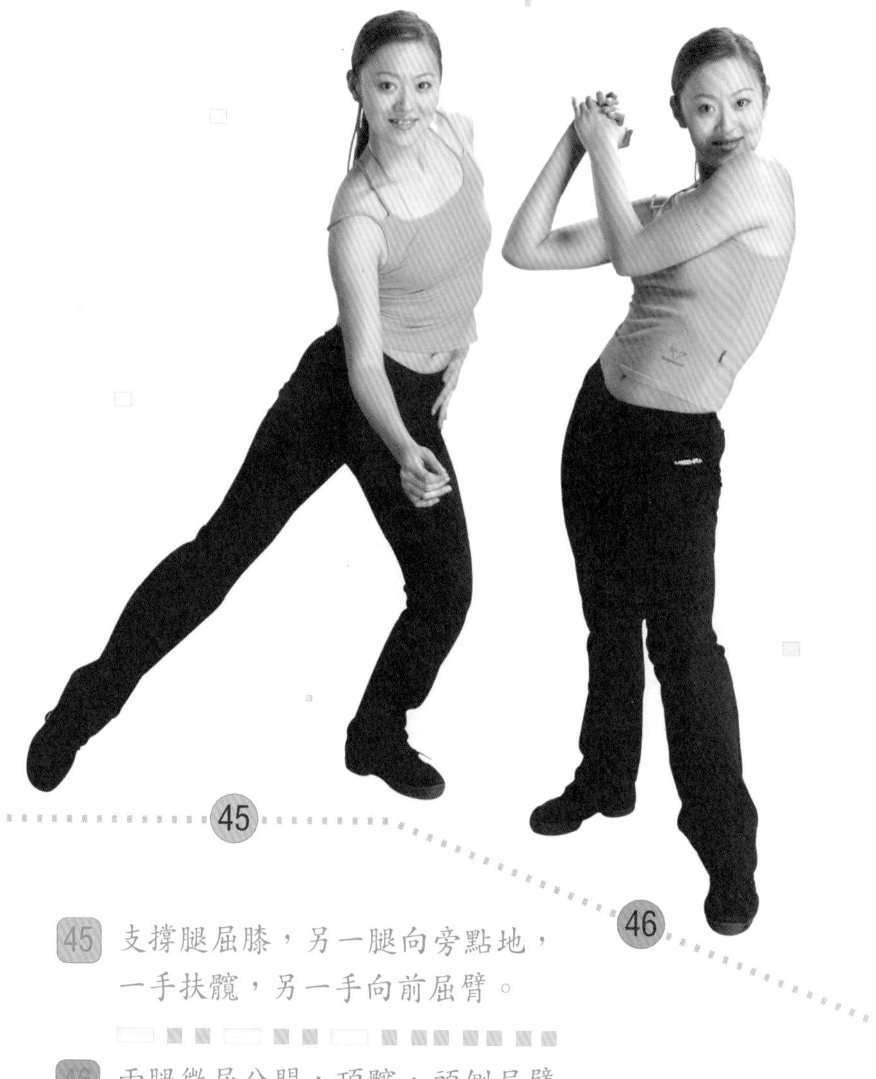

45 支撐腿屈膝，另一腿向旁點地，一手扶髖，另一手向前屈臂。

46 兩腿微屈分開，頂髖，頭側屈臂握手。

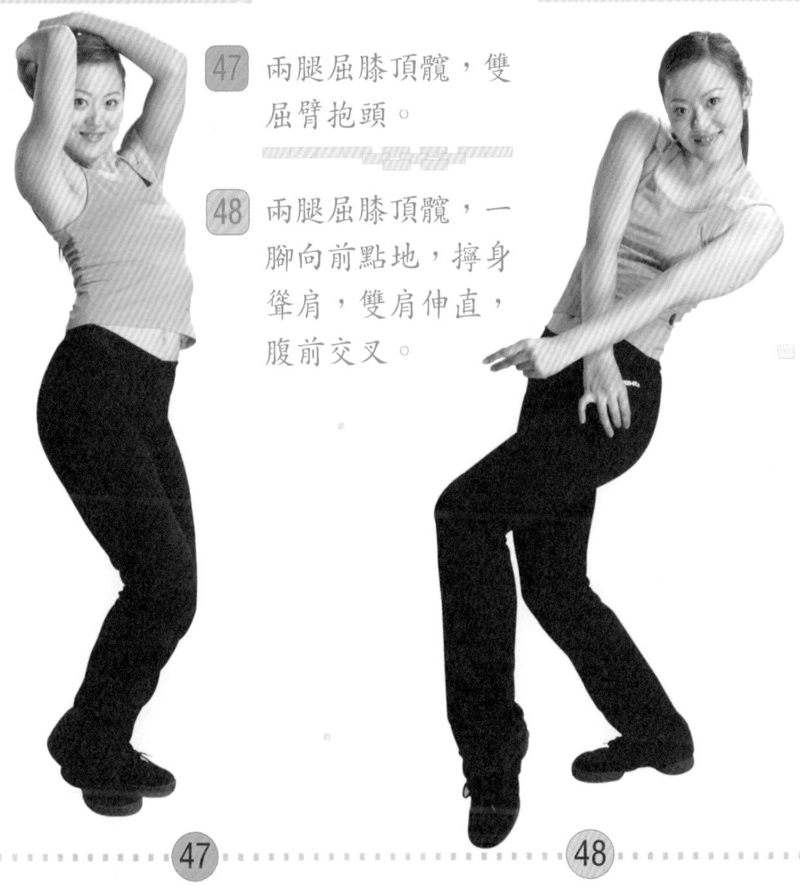

47 兩腿屈膝頂髖，雙屈臂抱頭。

48 兩腿屈膝頂髖，一腳向前點地，擰身聳肩，雙肩伸直，腹前交叉。

47 48

叮嚀

不要相信每天幾分鐘輕鬆能減肥的廣告噱頭，那完全悖離科學。

剛才您已經了解了脂肪分解供能的特點，即只有長時間的小強度運動才能減肥，同時這種運動方式還能提高機體的心肺功能。

49 兩腿屈膝，一腳向前點，單臂向下伸直，五指分開，另一手插腰。

50 兩腿微屈分開，頂髖，一手扶髖，一手屈臂。

51 兩腿屈膝頂髖，雙屈臂手心想貼。

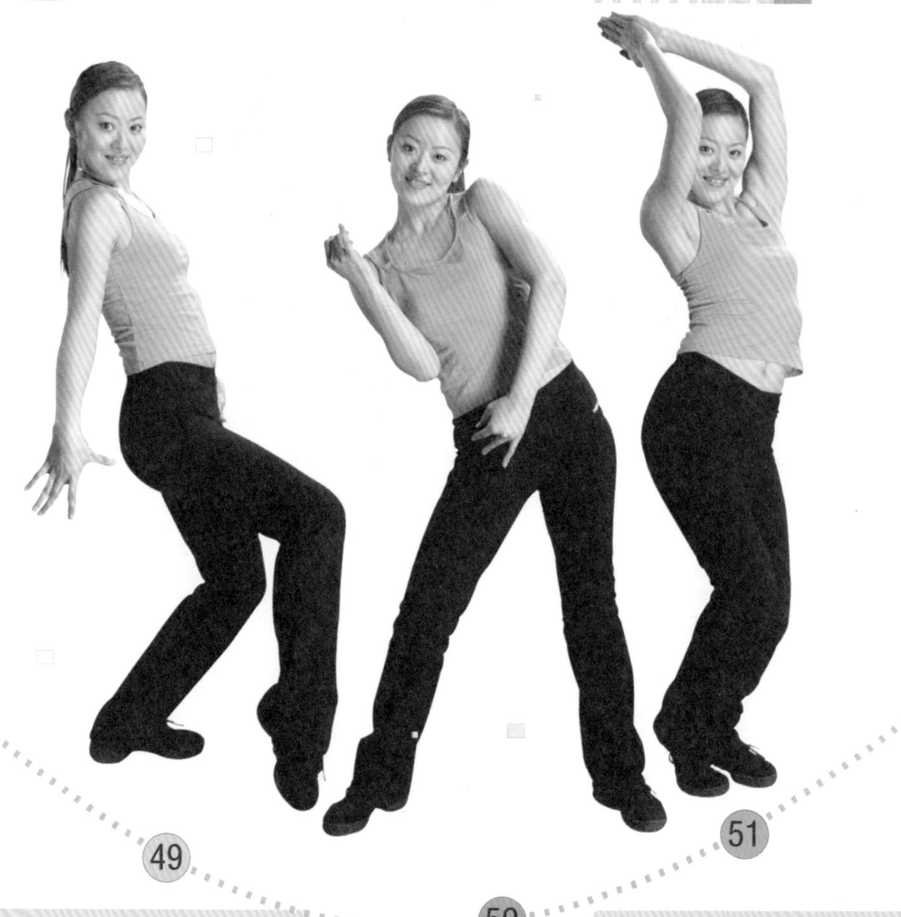

熱舞瘦身小品之東方麗人

神秘古老的東方，夢幻風情的舞蹈，
魅惑迷人的精靈，以靡華性感的姿態點指時尚，
挑逗世界每一處夢想的目光。
透過神秘的面紗，隨著優雅的波斯音樂，
進入異域風情的肚皮舞世界。
女人如花似波的身體是最好的舞者，
每一次的蝴蝶飛舞撥人心弦，
處處流露著經典與性感，
讓我們盡情舞動婀娜的身姿，
營造出最具有東方魅力的柔情女性。

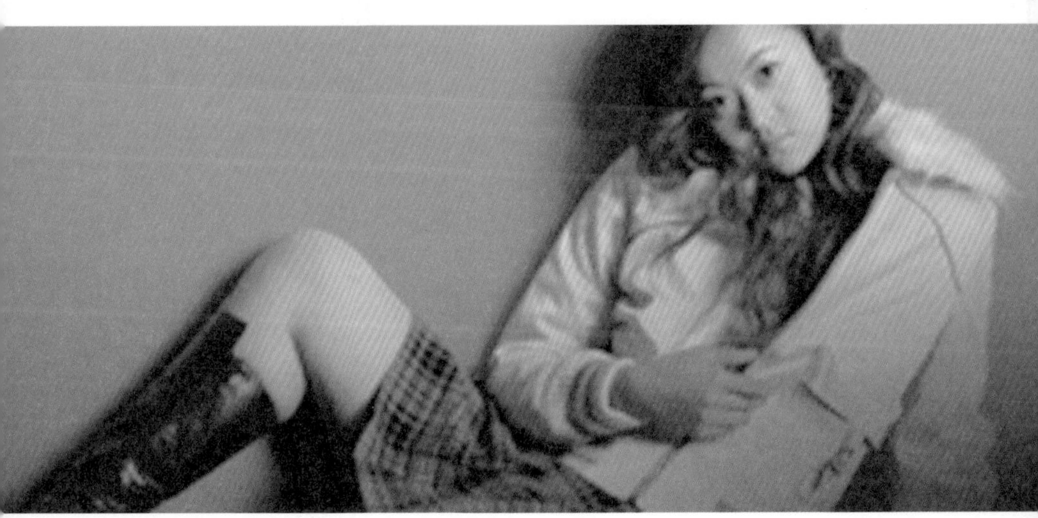

遠離饕餮生活

優越的現代生活讓我們隨意攝取美食，而不像其他物種那樣為吃飽付出大量的體力，但我們的機體依然本能地將過多的熱量轉化為脂肪儲備，一毫不爽。可見讓我們胖起來的與其說是吃得太多，不如說是動得太少，客觀地講，合理飲食，人就肥不起來，前文中已經講過怎樣可以消耗脂肪，現在再讓我們了解一下如何平衡飲食，兩相配合，就可以向健康瘦身的目標大踏步前進了。

用您以往從各種訊息了解的營養知識指導生活就夠了，在此我們儘可能地將之歸納簡化，以方便執行。

1. 不挑食，也不偏食

這包括兩層意思。人需要多種營養素，沒有哪種食物一而概之，所以什麼都要吃一點；反之，再好的食物亦不過某些成分含量較高而已，而肌體對它們的需求量有限，多了無用，況且食量有限，這樣吃多了其他的就吃不下去了，反倒營養不平衡。

2. 吃肉好？不吃肉好？

很多女孩子畏肉如虎，其實肉類中有著其他食品無法提供的重要營養物（這就是為什麼和尚吃素但少有長壽者的原因），即便是其中的飽和脂肪，同樣是人體的必需營養，只是要食之有度罷了；植物油脂富含不飽和脂肪，確實對肌體大有益處，但那也是熱量，吃多了照樣變成積脂。

3. 不要節食

許多人依靠短期節食來減肥，殊不知我們的肌體有一套完美的熱量消耗對策，它會利用每一個可以得到補充的機會，儘可能地儲備卡路里以應對飢餓。這即所謂的悠悠球效應，體重晃來晃去地走向肥胖。除非您甘願冒更年期提前到來的危險，否則就不要長期節食！

4. 少食多餐

每天分幾個時段進食不同的食物很有好處。因為進餐間隔較短，肌體不會有餓的感覺，所以不會吃得太多，控制了總攝入量；每次吃不同的東西，如兩片麵包，一個水果或一杯優酪乳，使營養豐富全面；每次攝入的熱量基本被隨後的日常活動所消耗，不必擔心轉化成脂肪儲備。

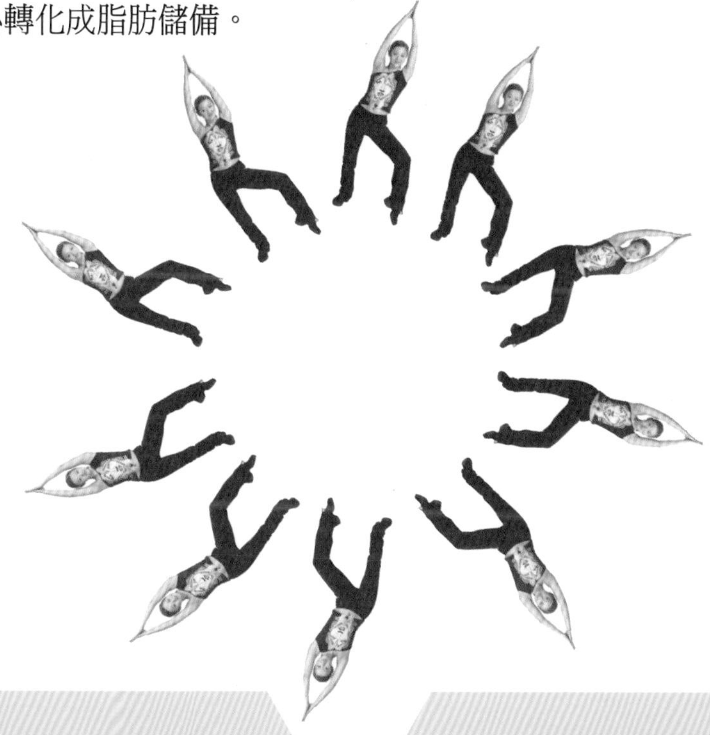

01 支撐腿彎曲，
另一腿向旁屈膝點地，
雙臂上舉，
掌心相對。

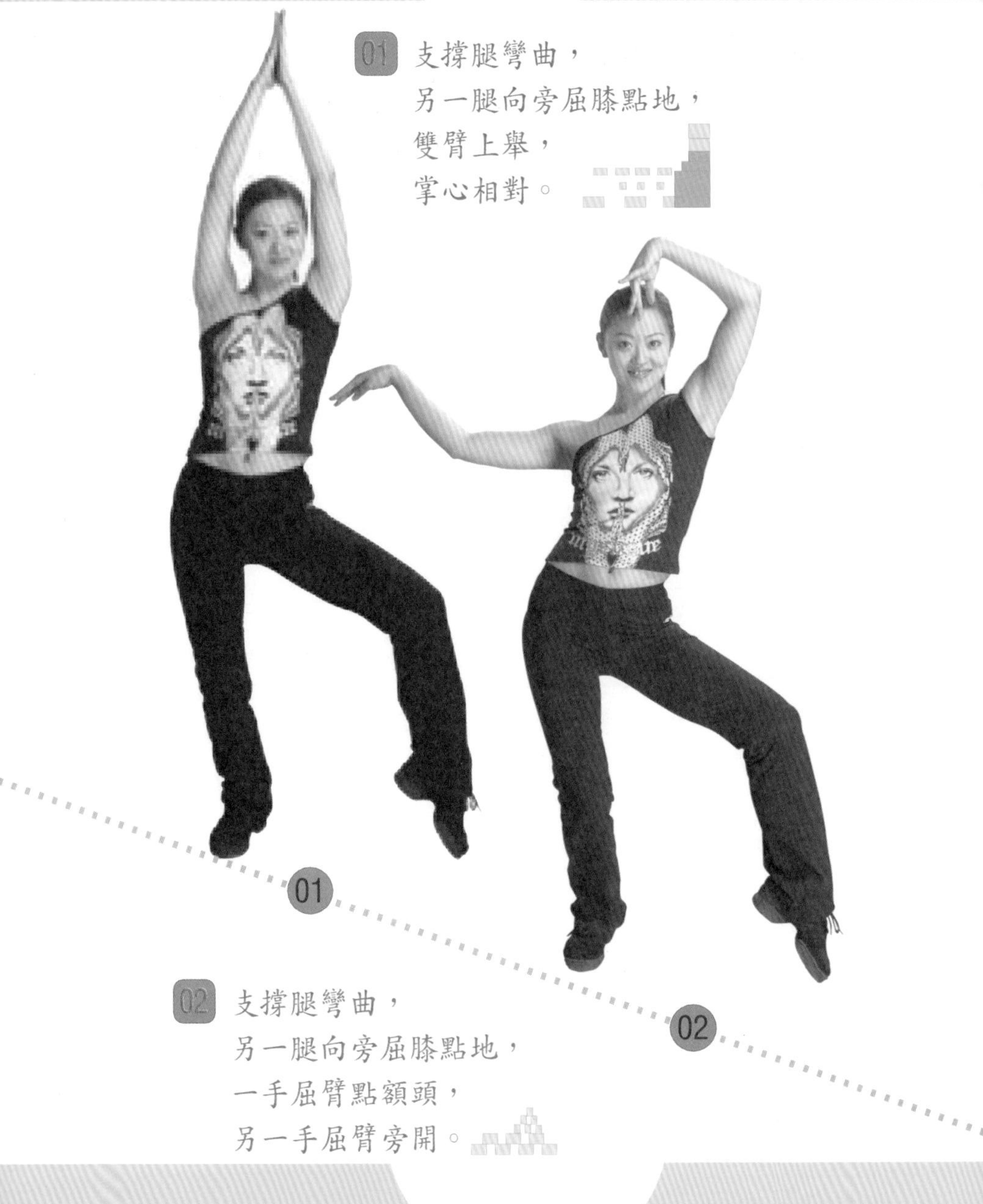

02 支撐腿彎曲，
另一腿向旁屈膝點地，
一手屈臂點額頭，
另一手屈臂旁開。

03 支撐腿彎曲，
另一腿向旁屈膝點地，
雙屈臂掌心相對，
向右移頭。

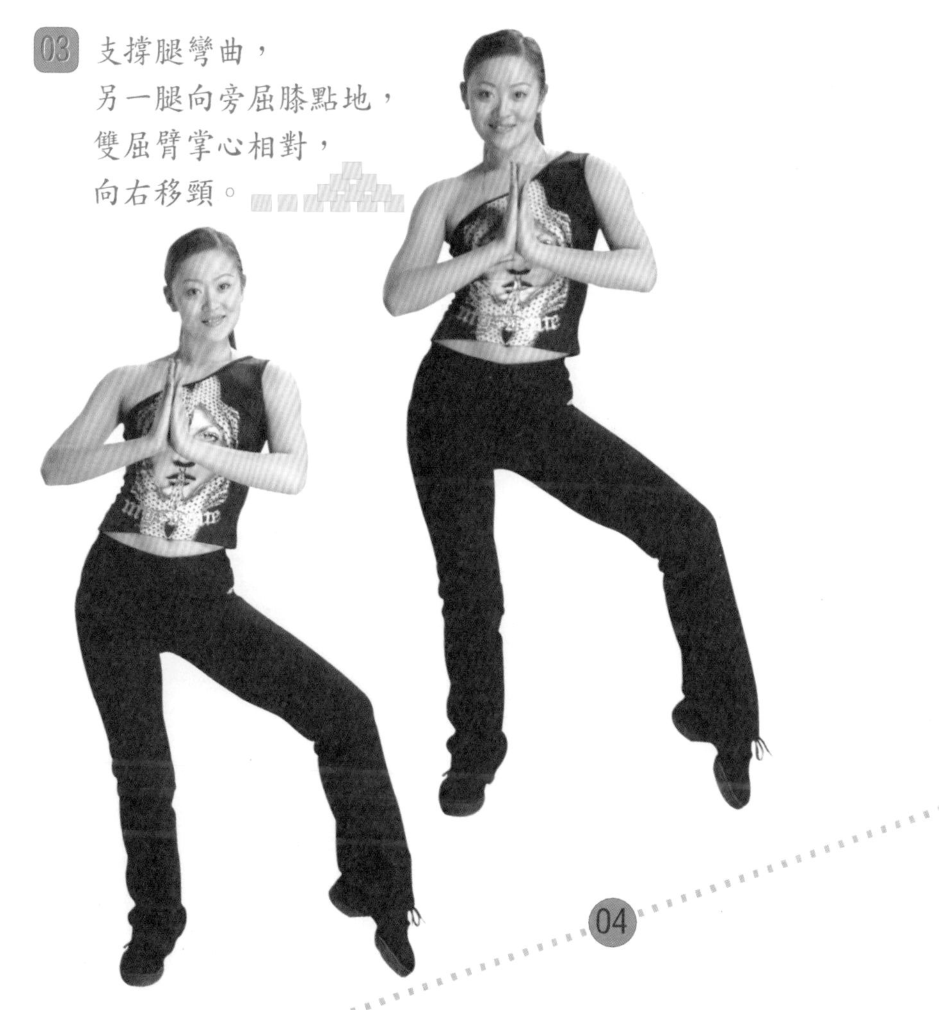

04 支撐腿彎曲，另一腿向旁屈膝點地，雙屈臂掌心相對，向左移頭。

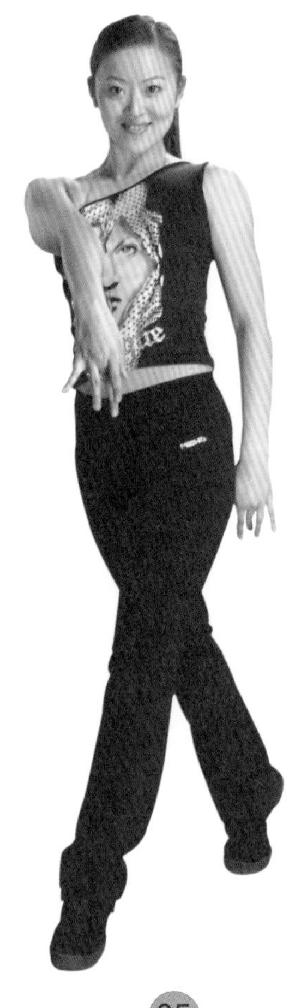

05 一腳向前邁步，
另側臂向斜前方伸直。

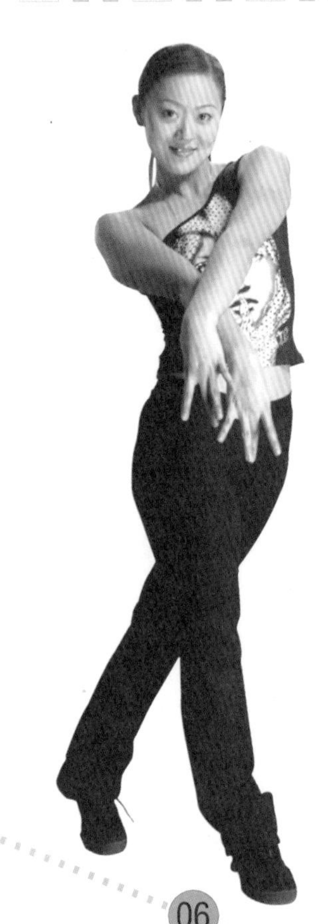

05

06

06 一腳向前邁步，
雙臂伸直腹前交叉。

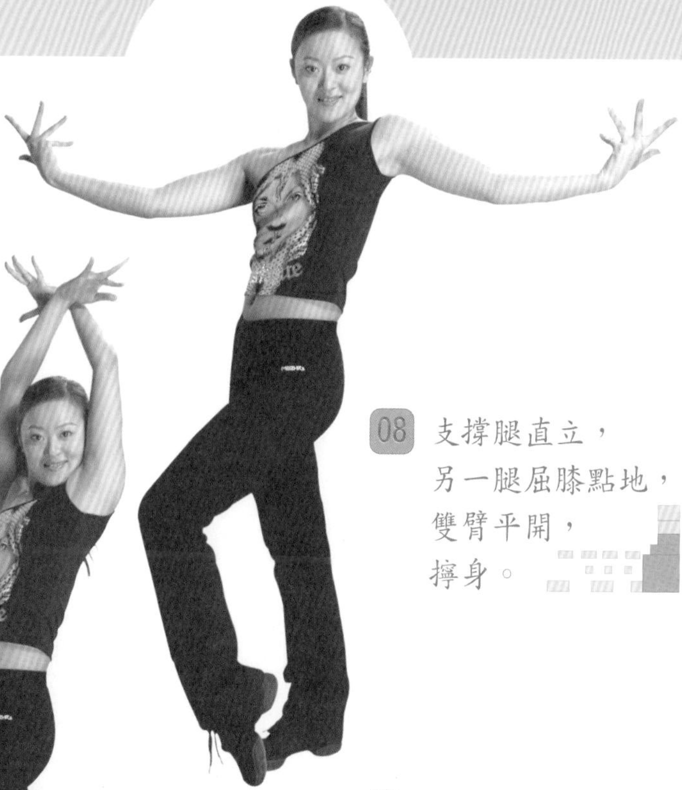

08 支撐腿直立，
另一腿屈膝點地，
雙臂平開，
擰身。

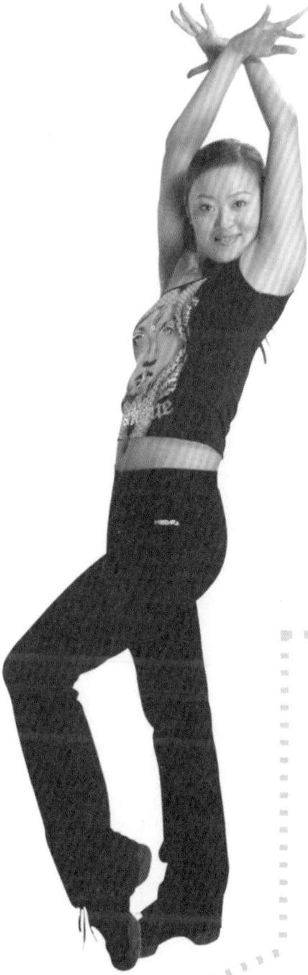

08

07 支撐腿直立，
另一腿屈膝點地。
雙臂向上微屈交叉，
擰身。

07

09-15 波浪腰（身體像波浪一樣擺動）
摳肩→頂胸→頂腹→頂髖，
兩腳分開與肩同寬，一手扶髖，另一手旁展。

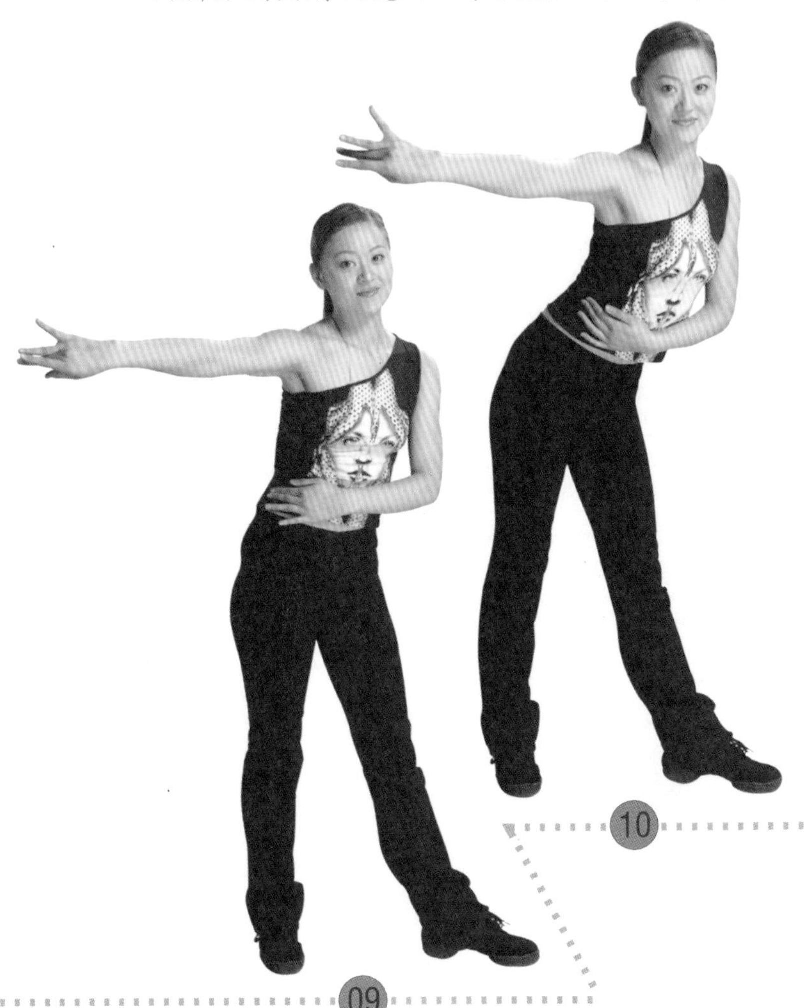

10

09

★注意：呼吸要自然，放鬆腰部，儘可能加大波浪腰動作的幅度。動作段落見（圖01-15）

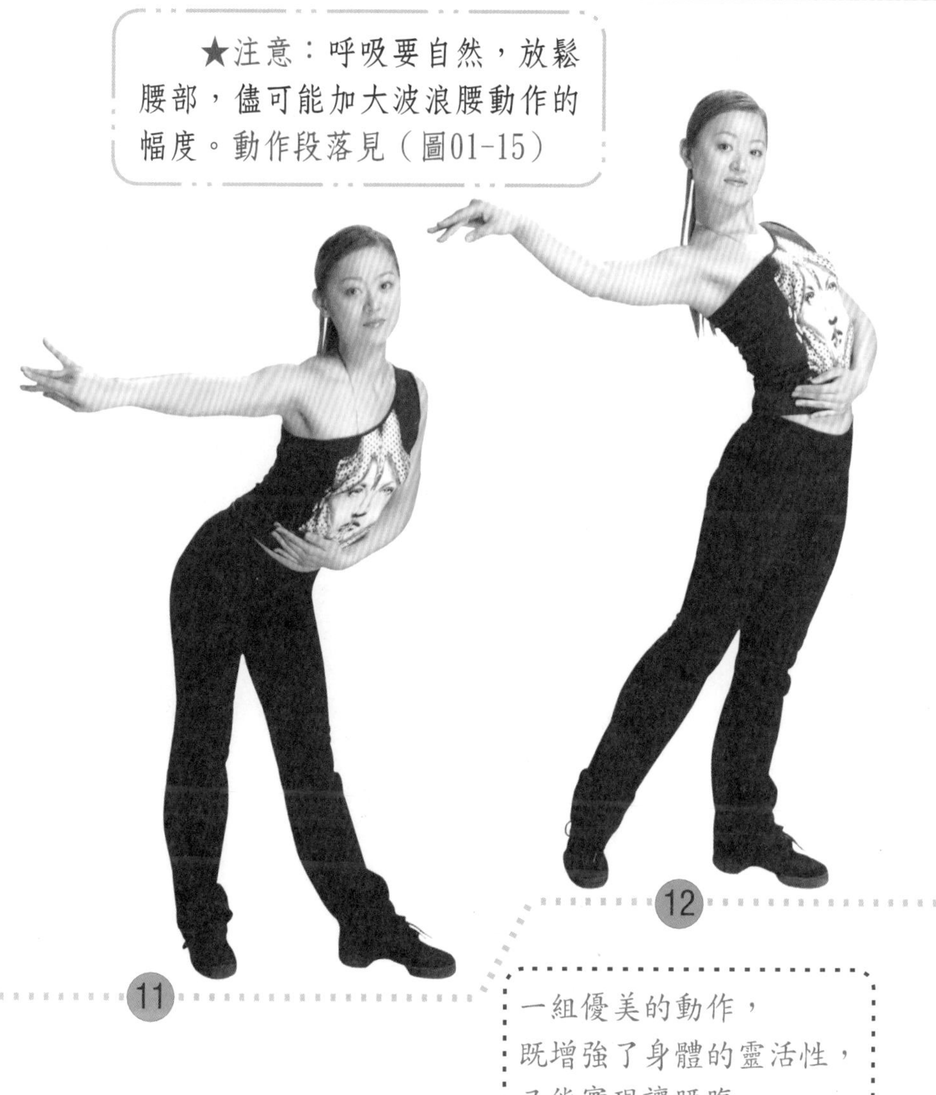

一組優美的動作，
既增強了身體的靈活性，
又能實現讓腰腹
靈動的目標。

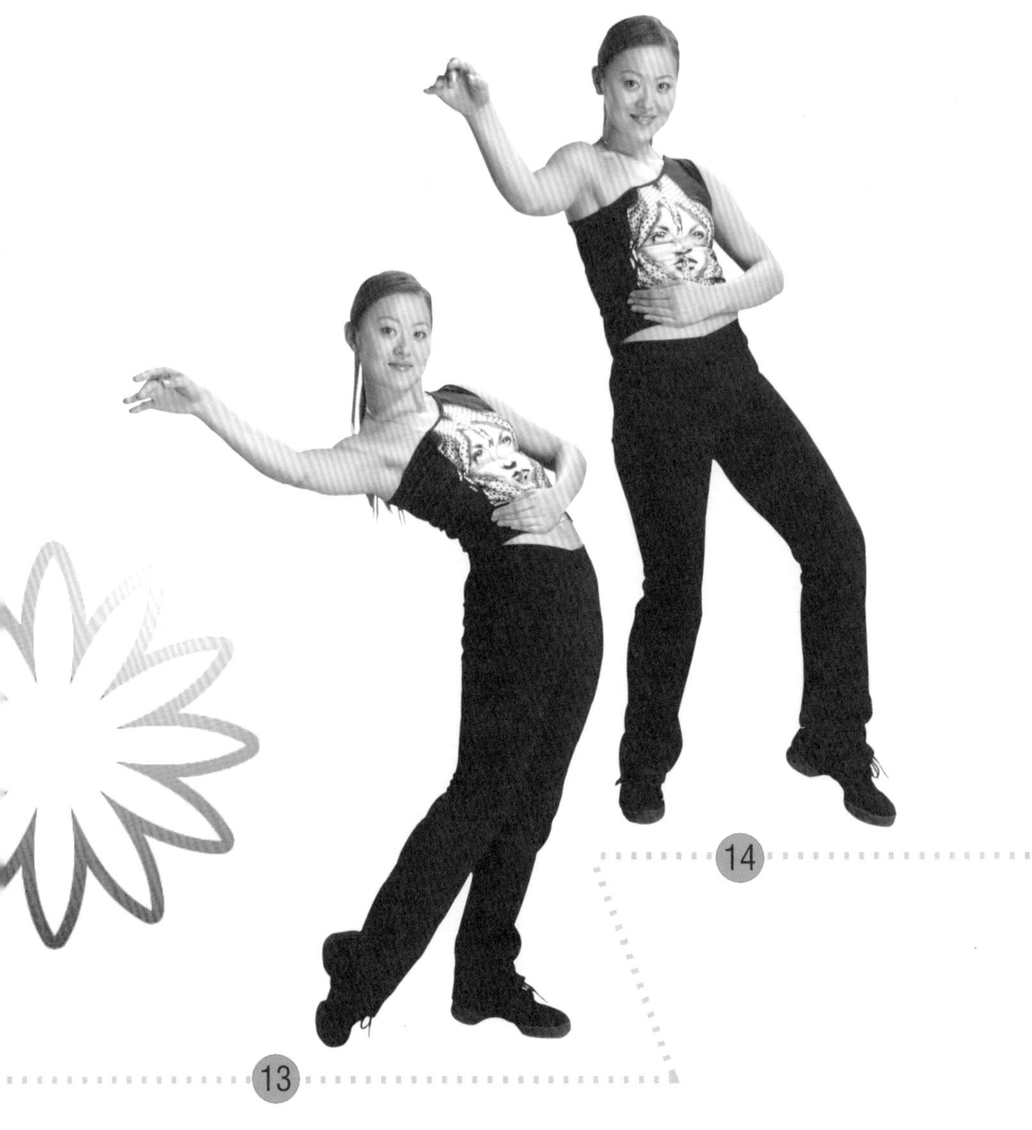
13
14

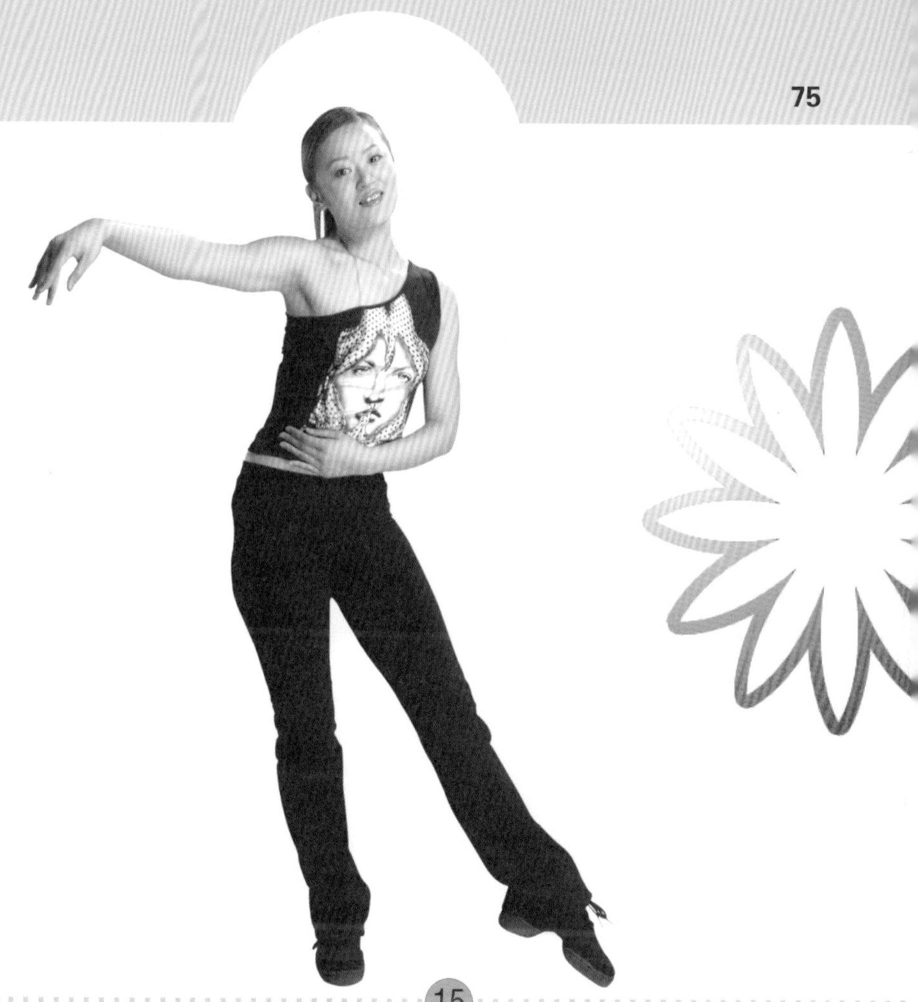

15

叮嚀

嚐試變換不同曲目，可以讓練習變得輕鬆；最好能在心裡表像音樂所描繪的場景，讓內心、身體、動作和樂曲交融，那將是多麼令人沉醉的享受。

16 波浪腰，一手扶髖，一手扶頭。

17 波浪腰，一手扶髖，一手扶肩。

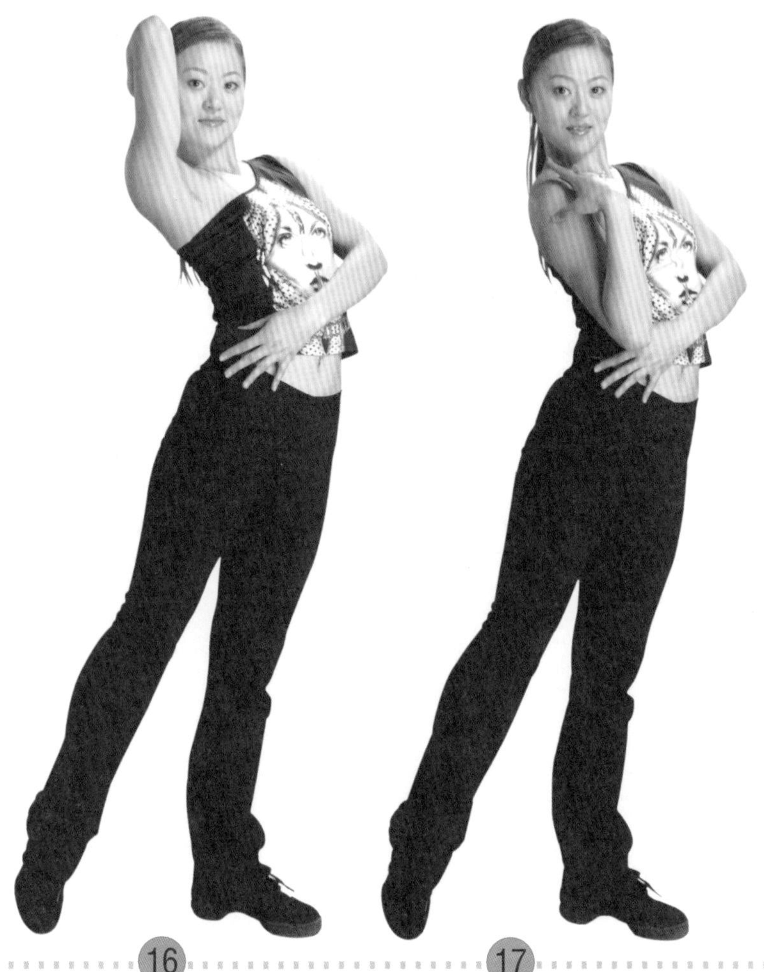

16 17

18 波浪腰，雙手平開。

19 波浪腰，雙手上舉。

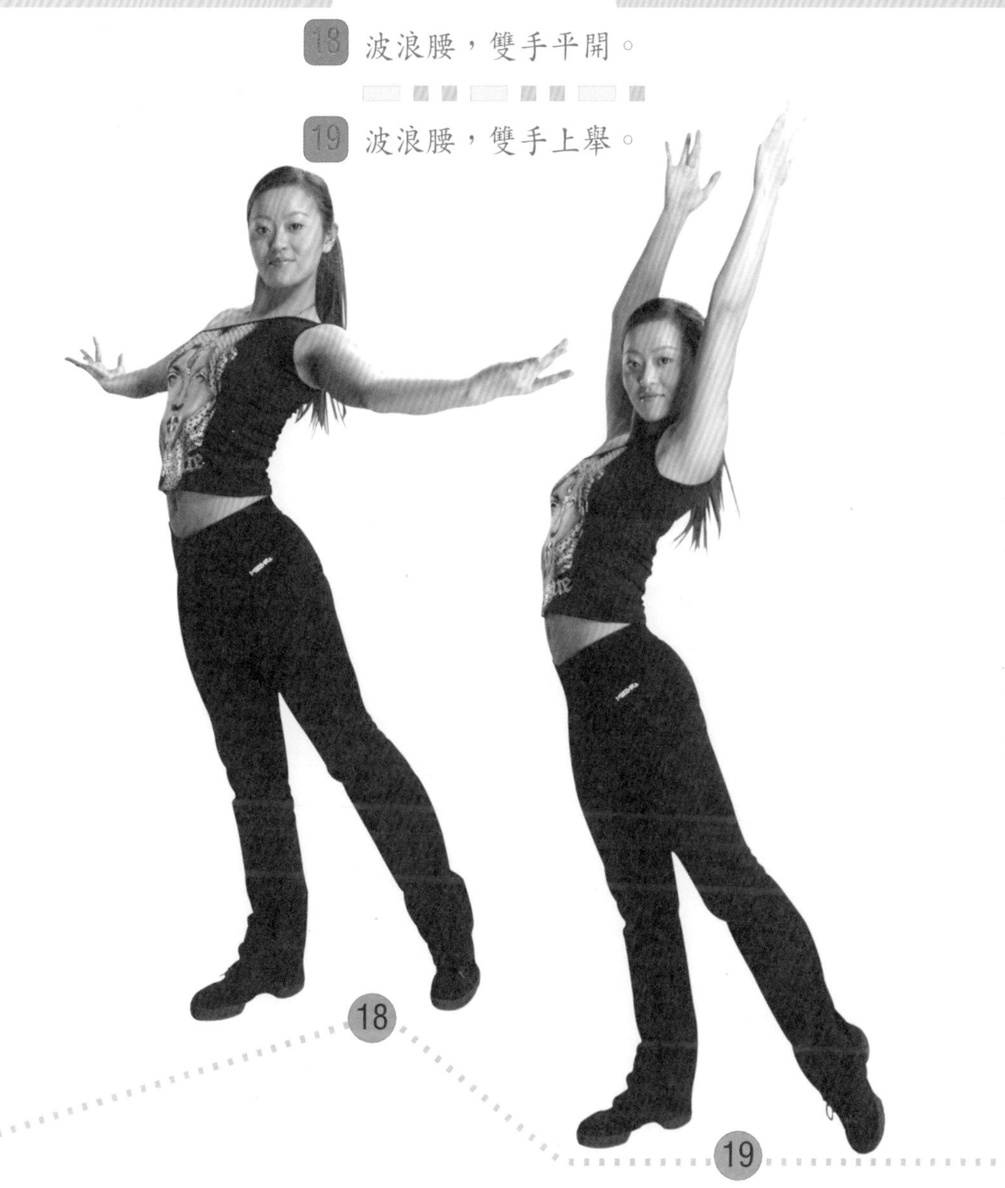

20 波浪腰，
頭前屈臂，
五指分開。

21 雙屈膝向左頂髖，
手臂隨髖部擺動。

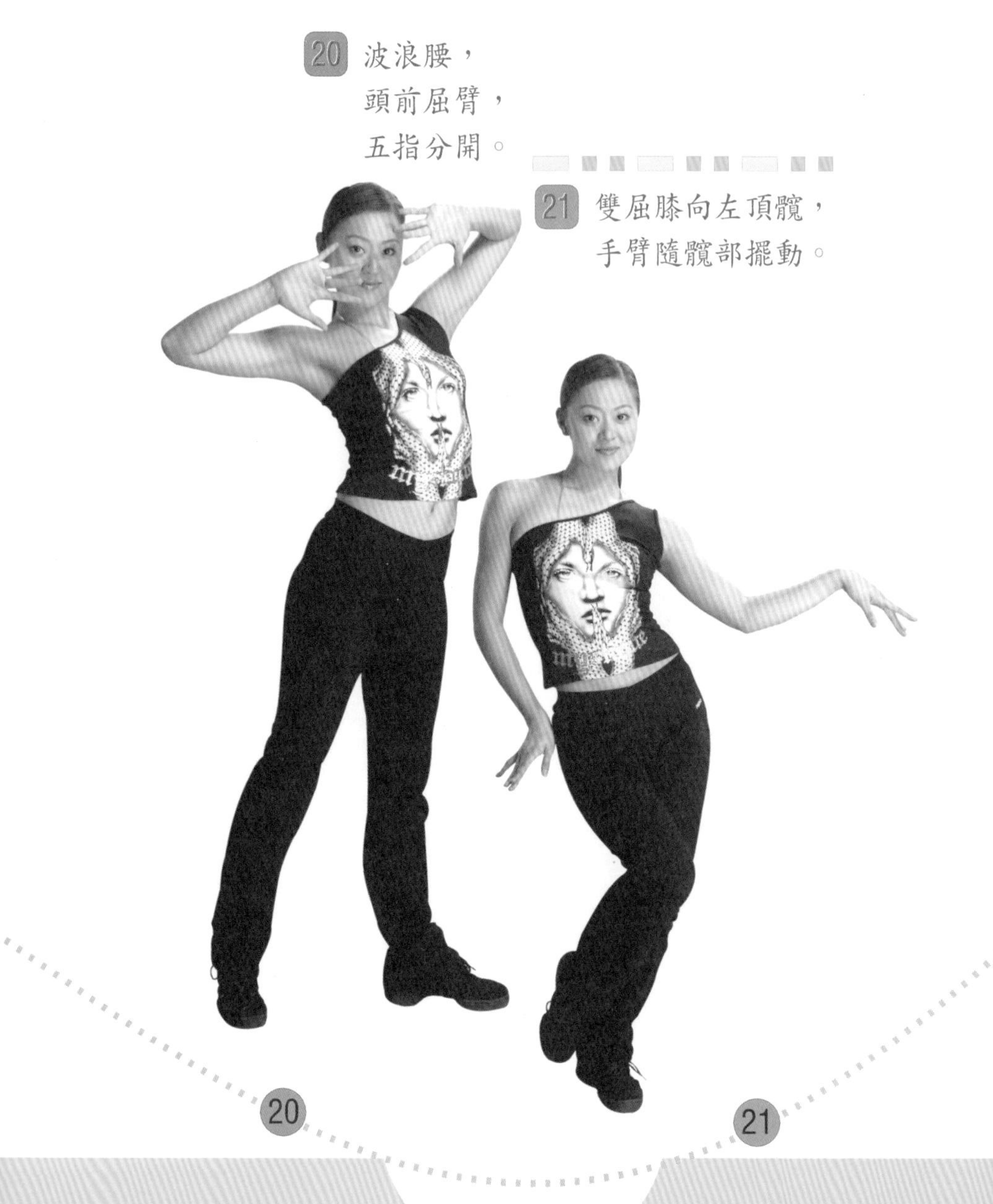

22 雙屈膝向右頂髖，手臂隨髖部擺動。

23 雙屈膝頂髖，一手屈臂提腕托下頷。

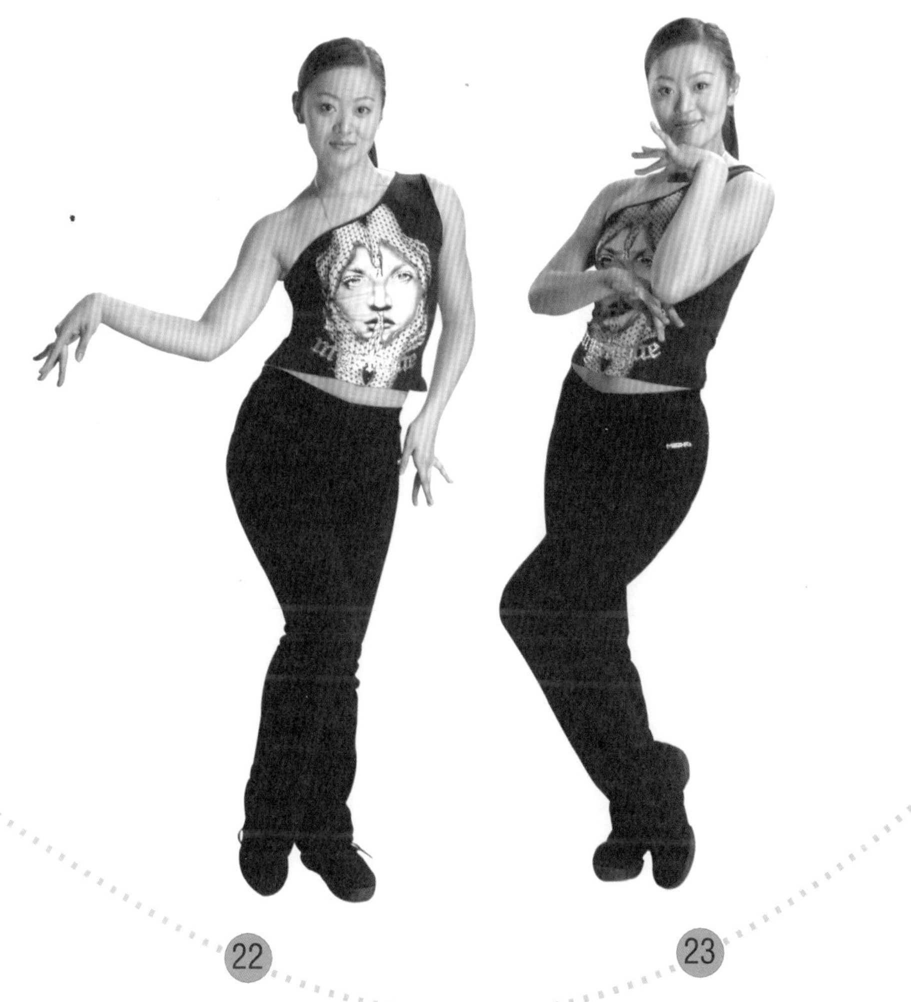

22

23

24 雙屈膝頂髖，
一手屈臂點額，
另一手屈臂旁伸。

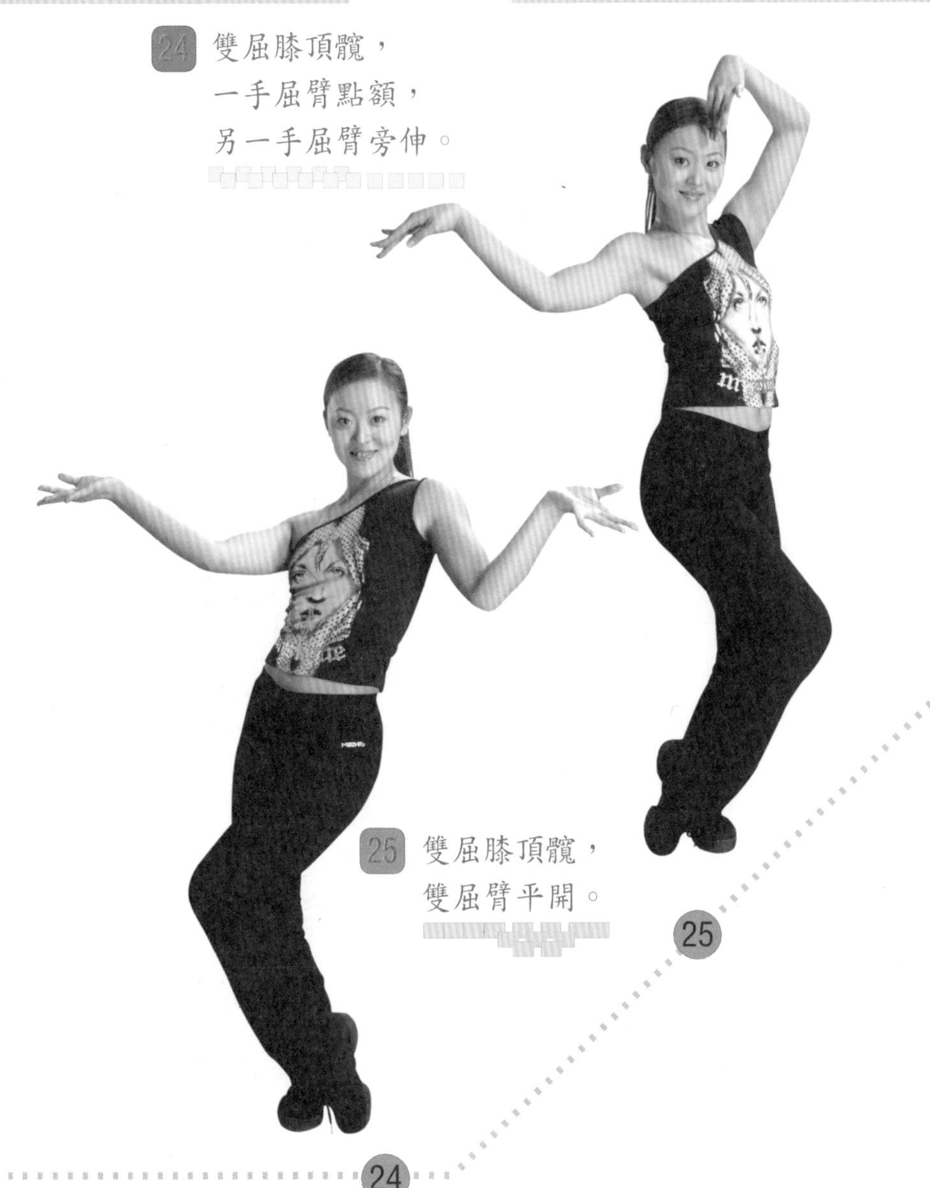

25 雙屈膝頂髖，
雙屈臂平開。

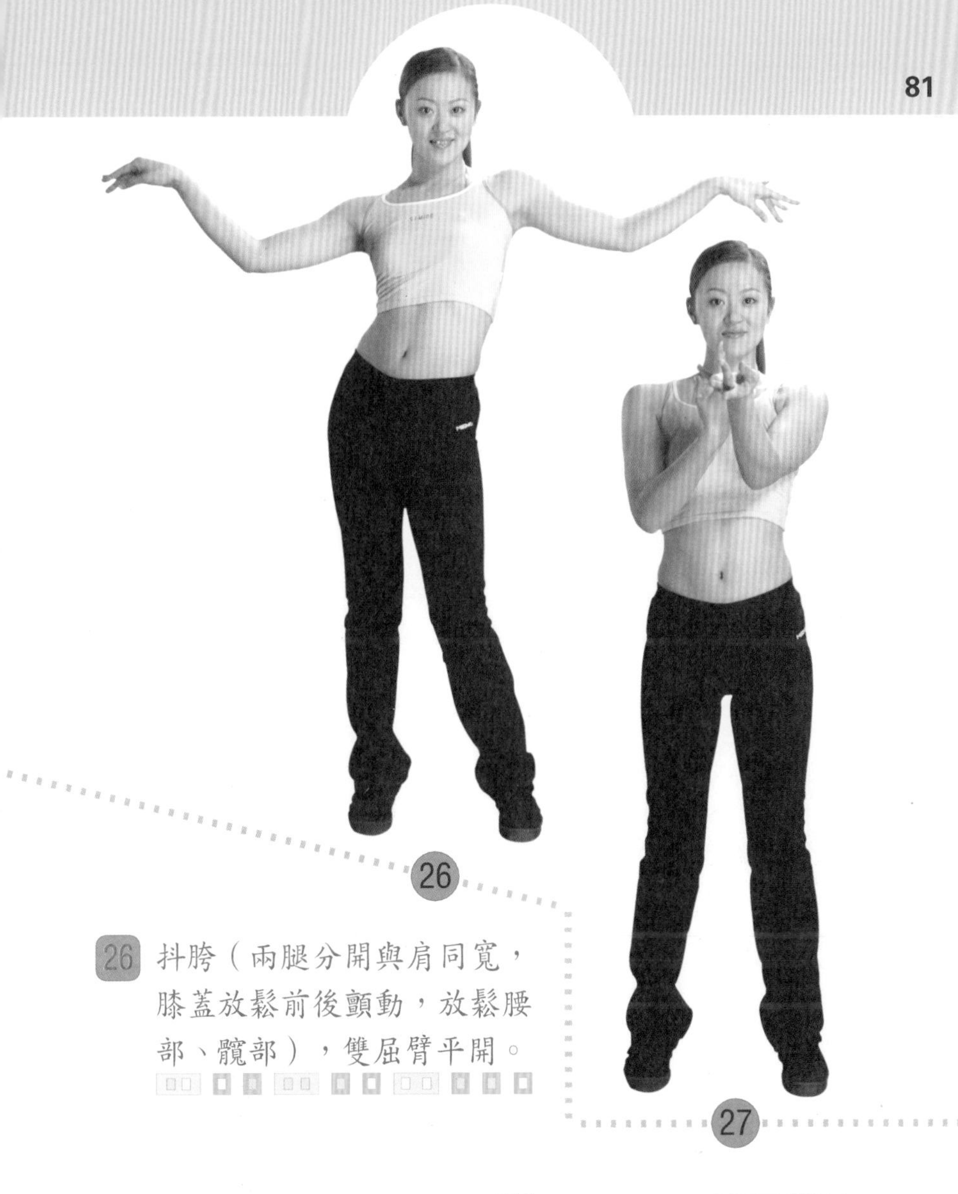

26 抖胯（兩腿分開與肩同寬，膝蓋放鬆前後顫動，放鬆腰部、髖部），雙屈臂平開。

27 抖胯，雙屈臂胸前交叉。

★注意：放鬆您的身體，保持動作的聯貫性。抖胯時頻率要快。透過骨盆、臀部、胸部和手臂的旋轉，以及令人眼花繚亂的胯部搖擺動作能增強身體的靈活性，減去腹、臀、腿根處的多餘脂肪。

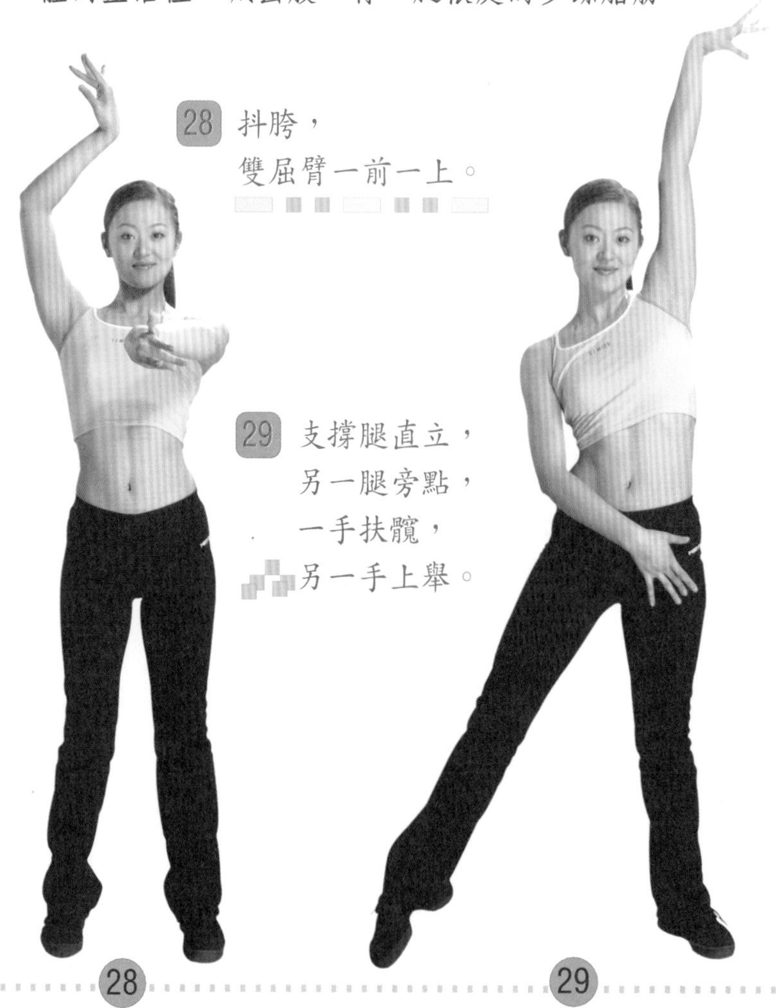

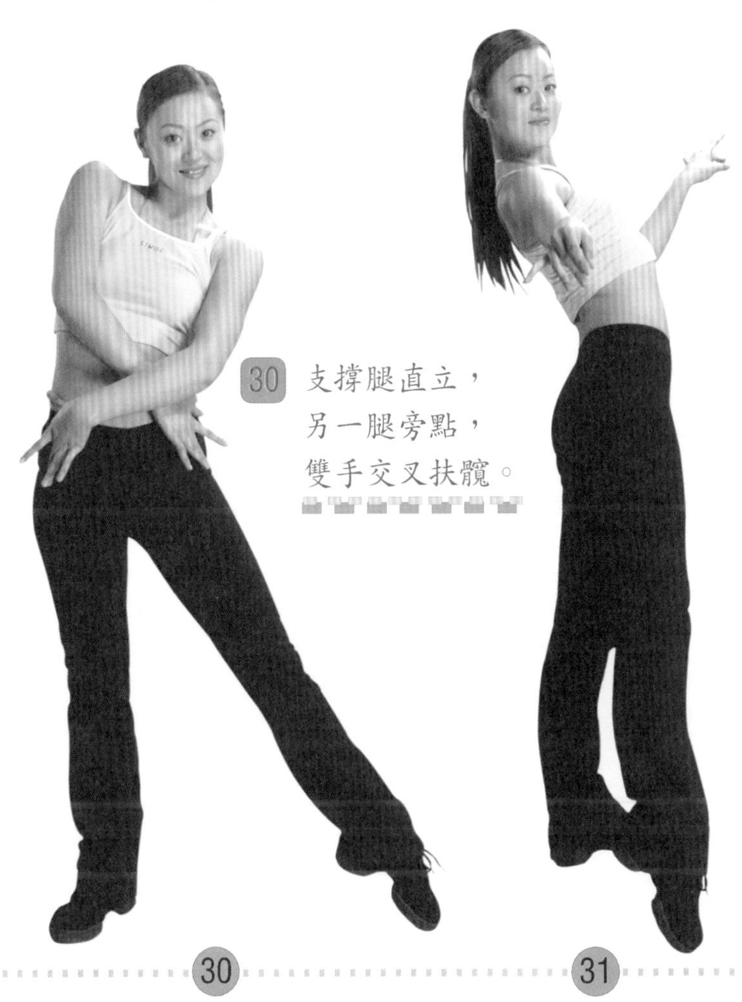

30 支撐腿直立，
另一腿旁點，
雙手交叉扶髖。

31 直撐腿直立，
另一腿向旁點地同時向內轉髖，
上身向後靠。

★注意：收腹，並儘可能大幅度的擺動髖部。塑造您緊實性感的臀部，讓每一次鏡子前的您更動人！更自信！

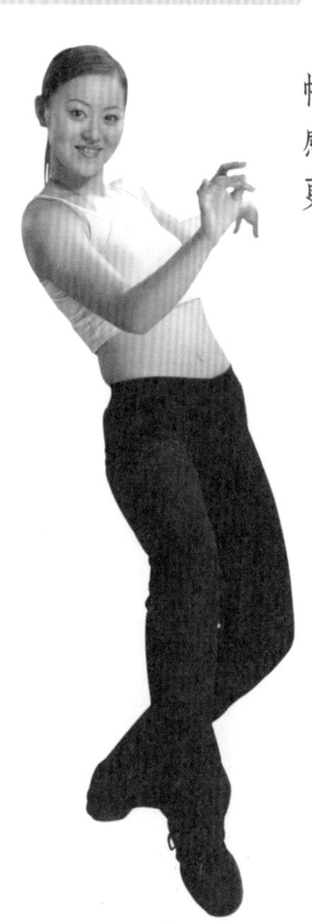

32

33

32 兩腿屈膝，一手旁點，同時向外轉髖，上身向後靠。

33 一腳向前邁步，雙手向上屈臂。

叮嚀

在練習中要不斷為機體補充水分，方法是不時地抽空喝上一兩口，而不要等感到口渴時再喝水。機體對水的吸收利用需要一段時間，渴了再喝來不及。

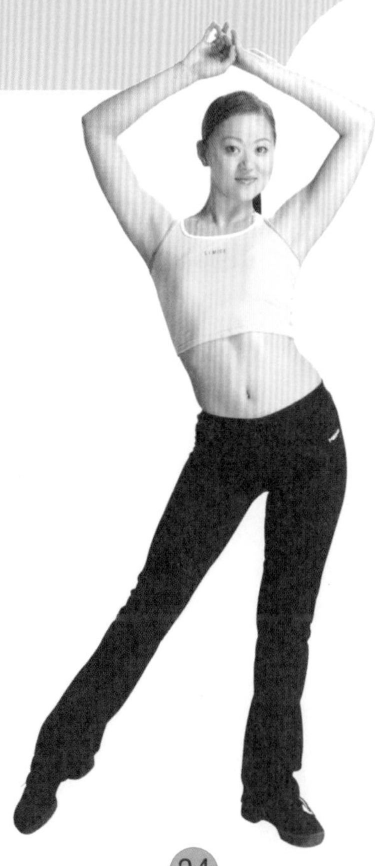

34

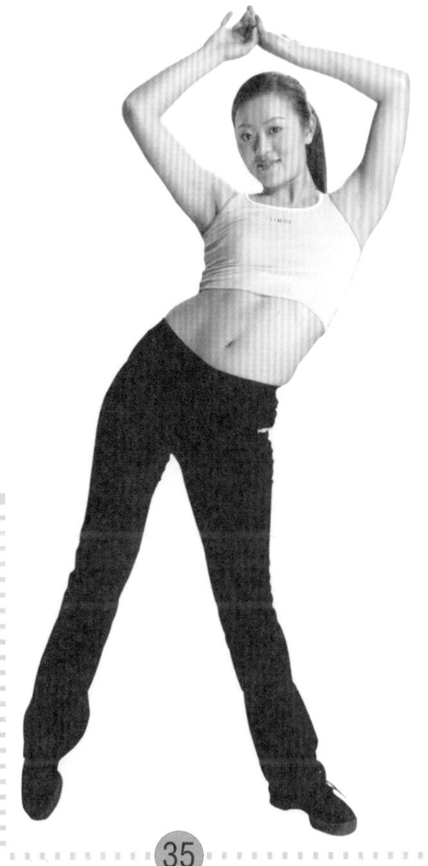

35

34 支撐腿直立頂髖，
另一腿旁點，
屈臂向上，手指相扣。

35 支撐腿直立，
另一腿旁點頂髖，
屈臂向上，手指相扣。

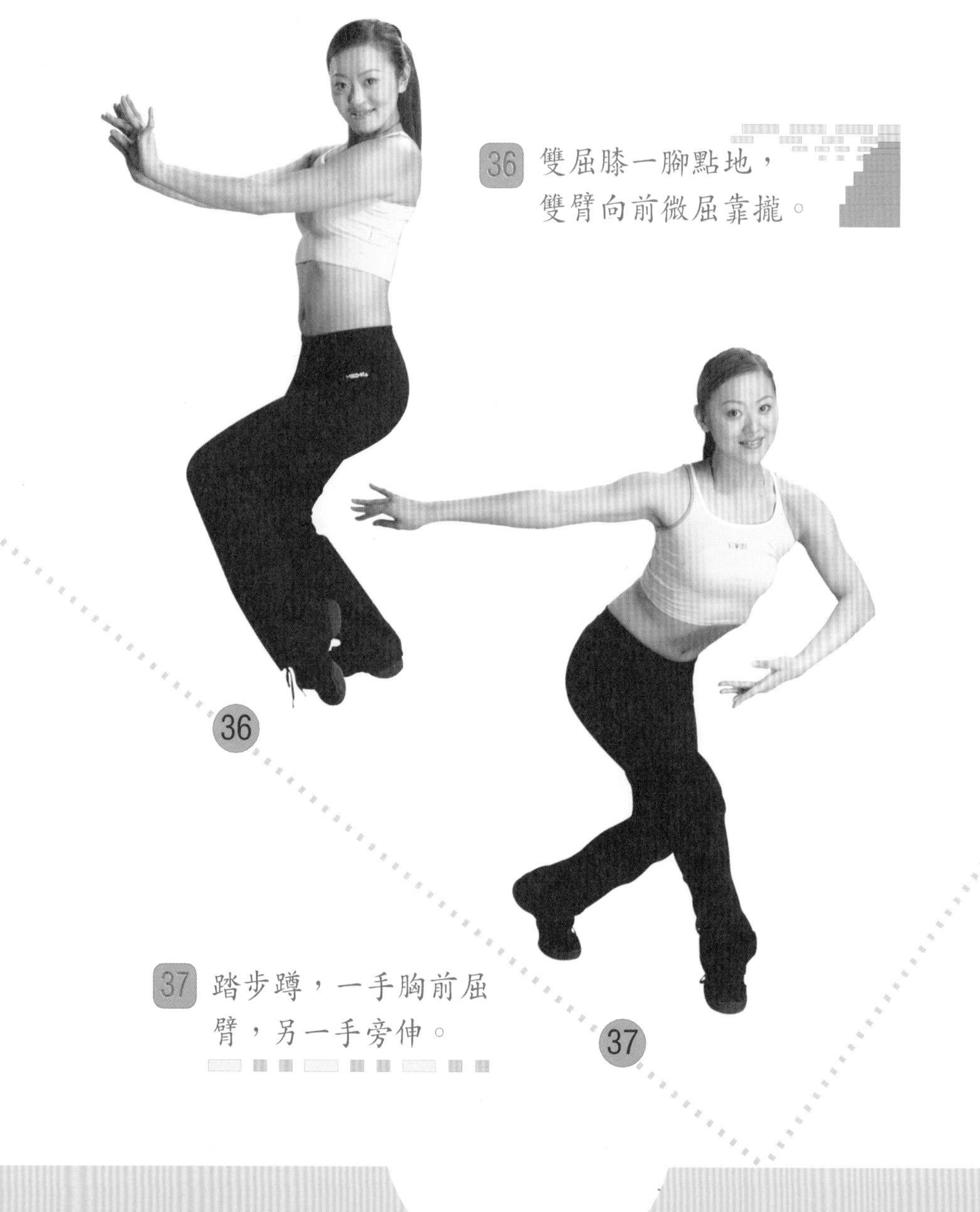

36 雙屈膝一腳點地，
雙臂向前微屈靠攏。

37 踏步蹲，一手胸前屈
臂，另一手旁伸。

38 踏步蹲，一手扶髖，
另一手屈臂手心向下。

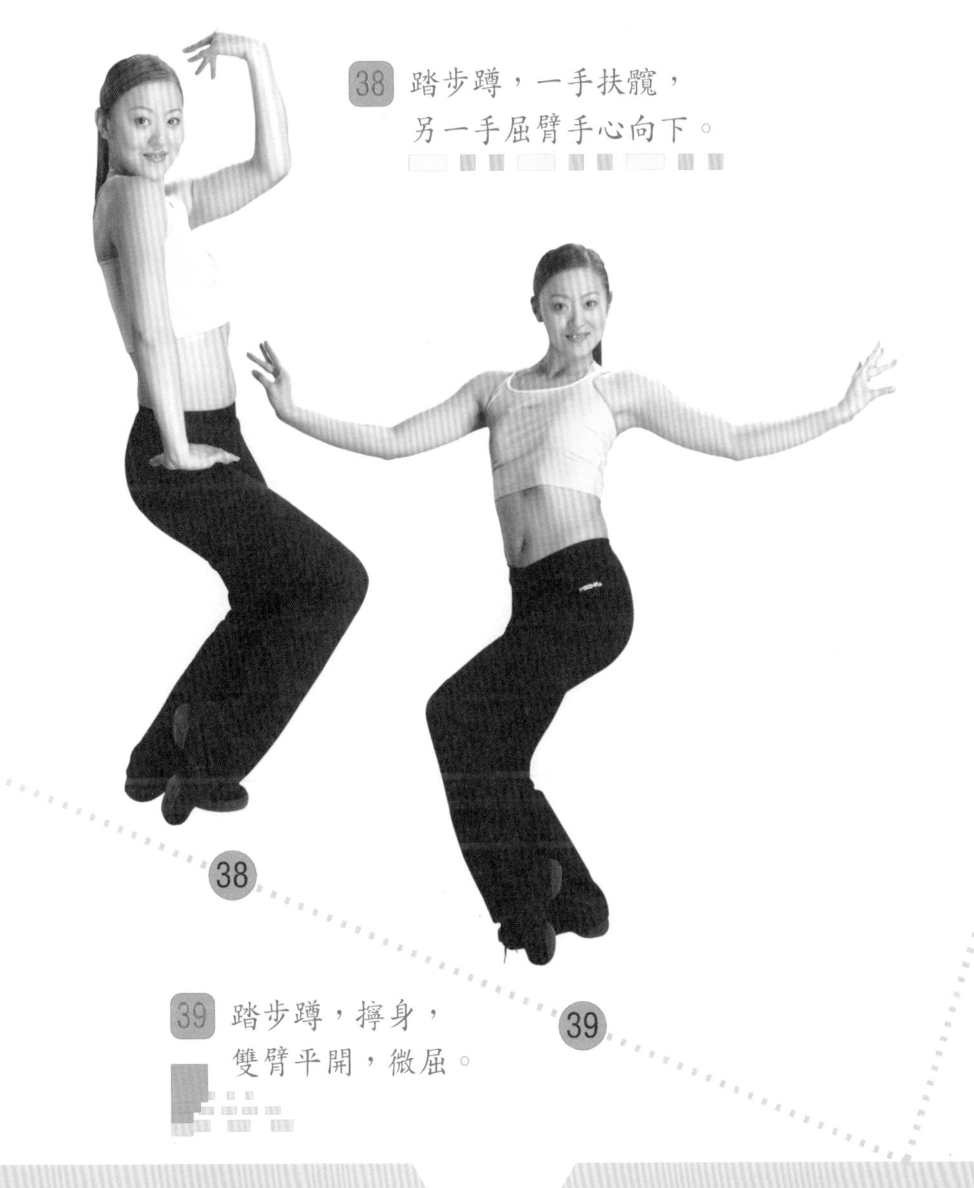

39 踏步蹲，擰身，
雙臂平開，微屈。

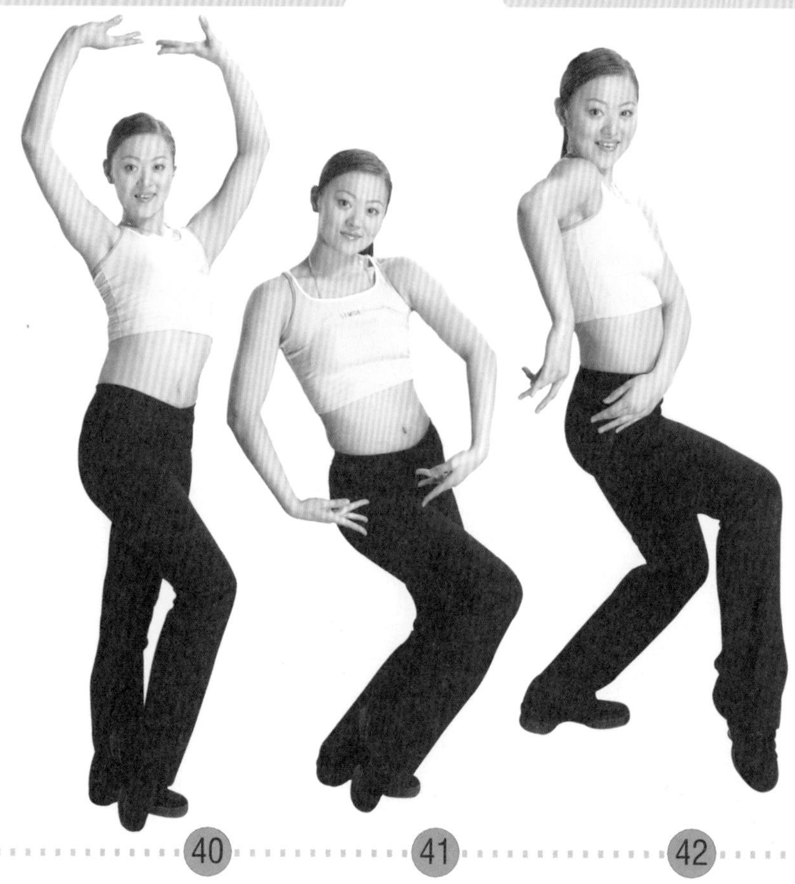

40 支撐腿直立，另一腿屈膝點地，擰身，屈臂上托，手心向上。

41 雙屈膝，一腳點地，擰身，雙臂微屈，手心向上。

42 雙屈膝，前腳點地，一手扶髖，另一手屈臂向下。

叮嚀

練習之後當然要沐浴，有兩點必須注意：

一是水溫不要太高，那會讓皮膚損失大量水分和油脂而乾燥粗糙；二是時間不宜長，水中的三氯乙烯等會被熱水蒸發出來，被人體吸入危害很大。

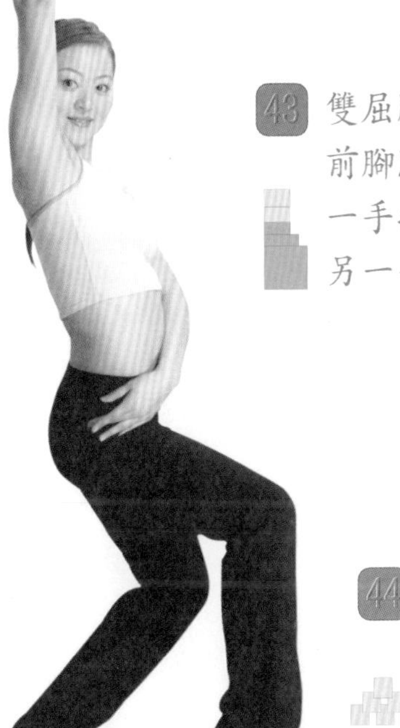

43 雙屈膝，
前腳點地，
一手扶髖，
另一手上舉。

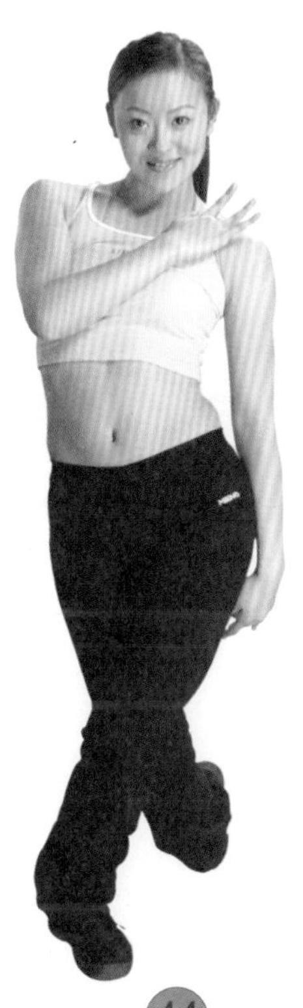

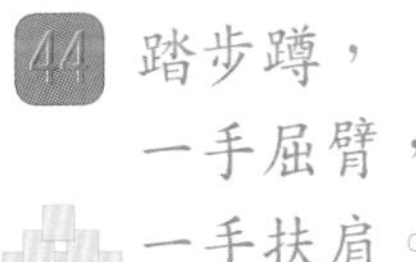

44 踏步蹲，
一手屈臂，
一手扶肩。

43

44

45 盤腿坐（一腿屈膝，小腿外側著地，另一腿膝蓋向上，腳掌著地），屈臂，雙手扶小腿。

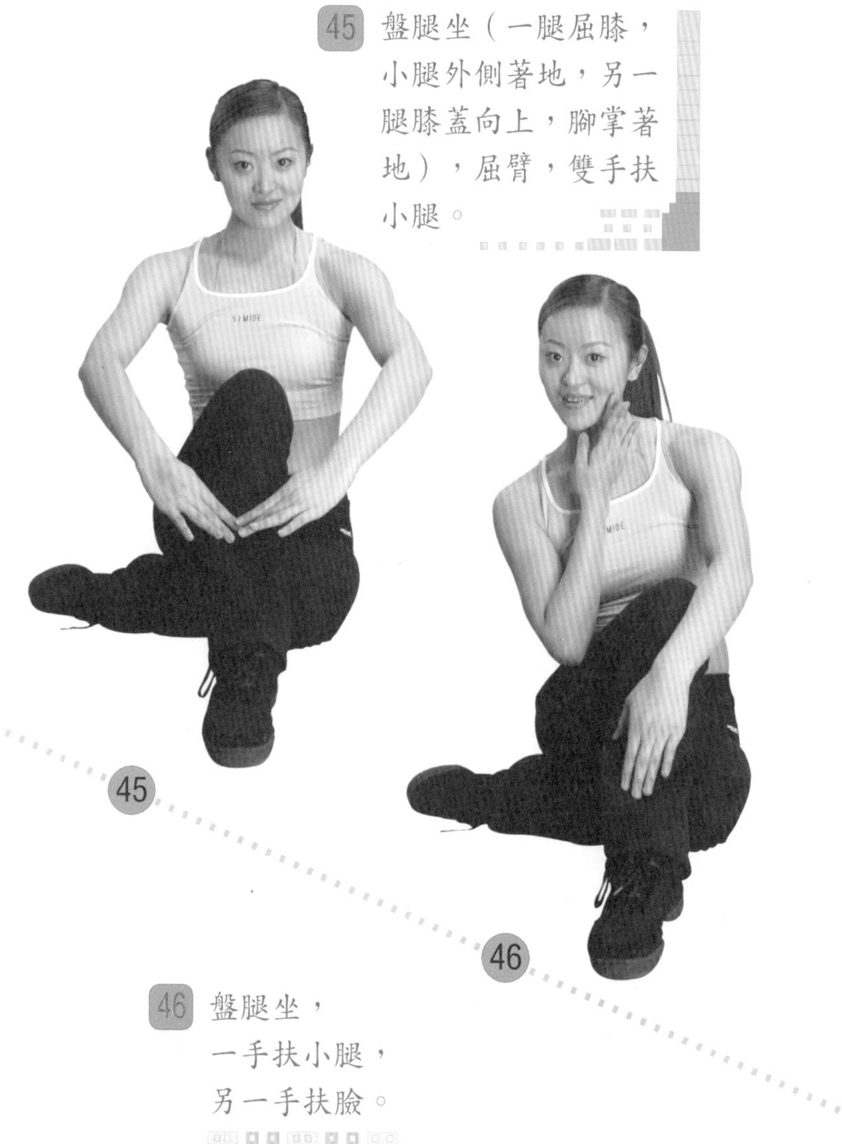

46 盤腿坐，一手扶小腿，另一手扶臉。

47 盤腿坐，雙屈臂，
手心交錯相對於耳旁。

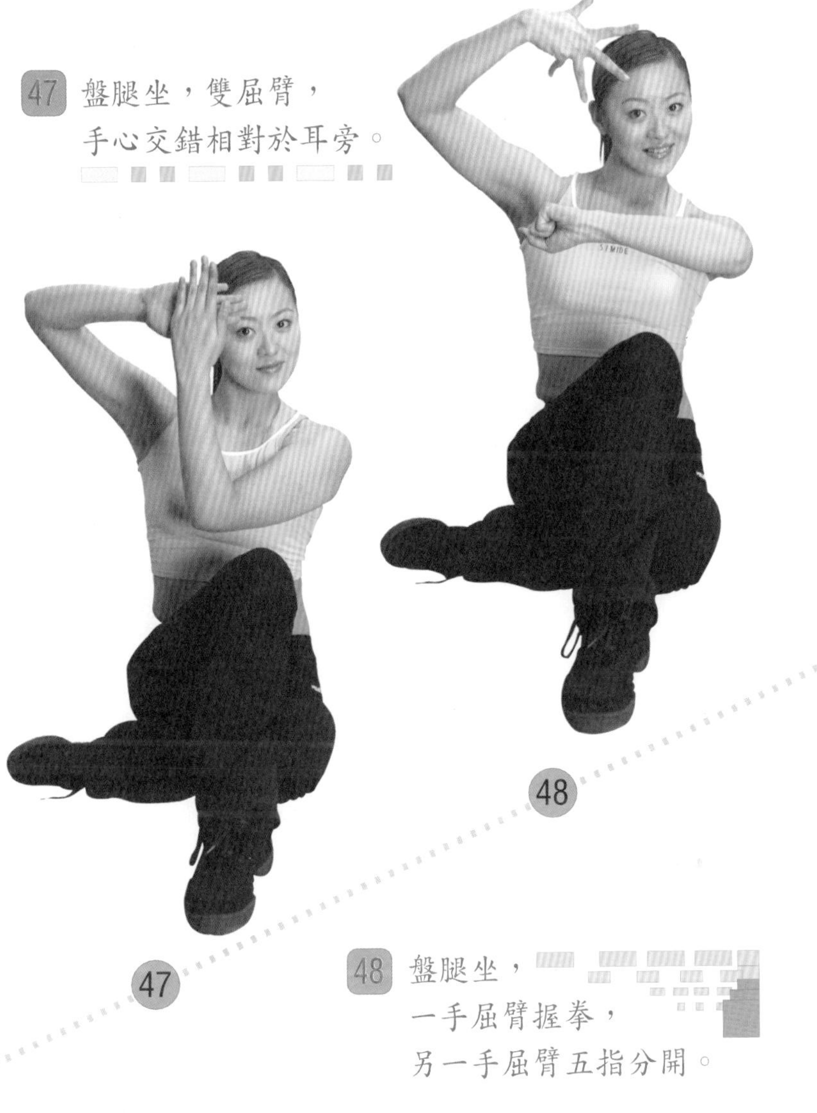

47

48

48 盤腿坐，
一手屈臂握拳，
另一手屈臂五指分開。

49 盤腿坐，
一手扶小腿，
另一手向前伸直，
上身向後靠。

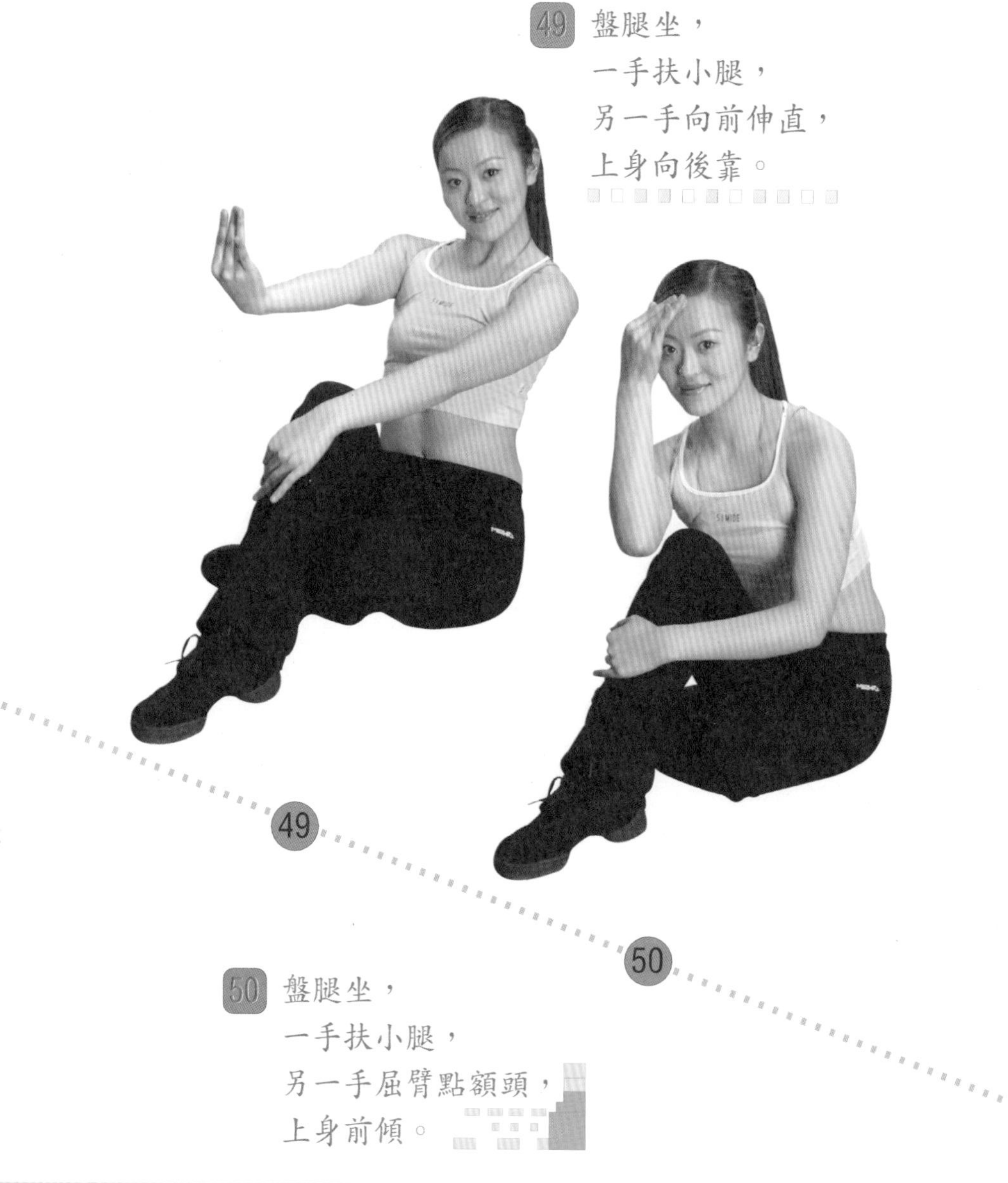

50 盤腿坐，
一手扶小腿，
另一手屈臂點額頭，
上身前傾。

★注意：收腹、立腰、挺胸，保持動作的連接與流暢。

本組動作是光碟中沒有的，您可選擇自己喜歡的土耳其或埃及風格的音樂，來進行5個8拍的練習。

帶上個人的感覺，體驗一下鏡前梳裝的舞蹈，儘情地展示自己曼妙的身姿。

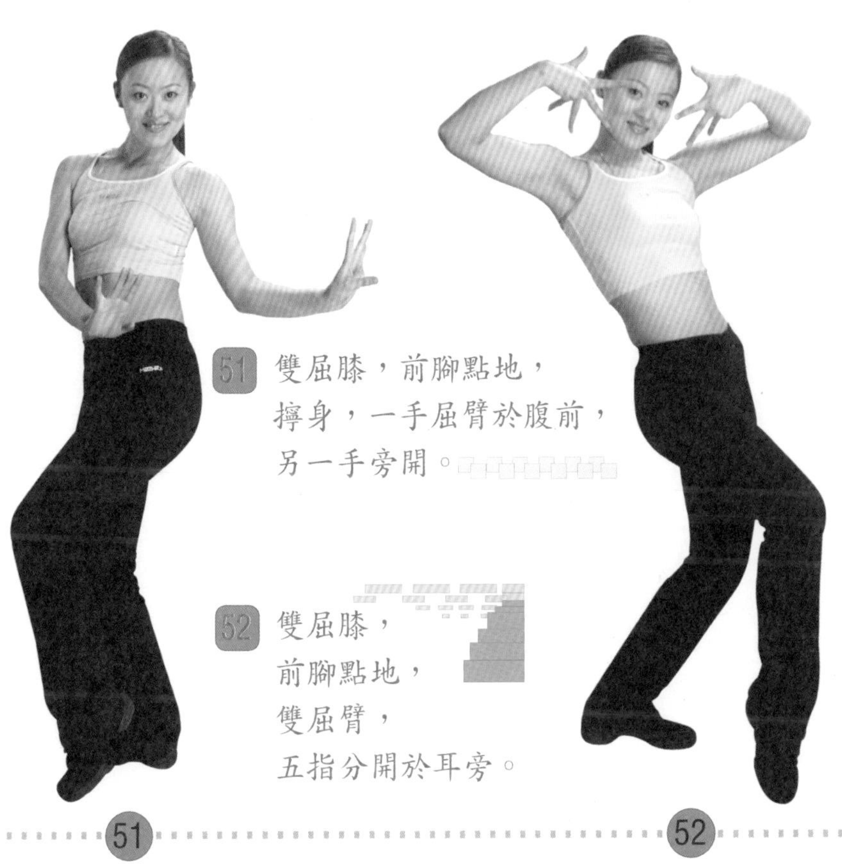

51 雙屈膝，前腳點地，擰身，一手屈臂於腹前，另一手旁開。

52 雙屈膝，前腳點地，雙屈臂，五指分開於耳旁。

51

52

叮嚀

不要在練習時段喝可樂等高濃度飲料，它們不易被機體吸收，起不到補水的作用，反而讓人越喝越渴。同時它們還含有很高的熱量，會輕易報廢我們的練習效果。

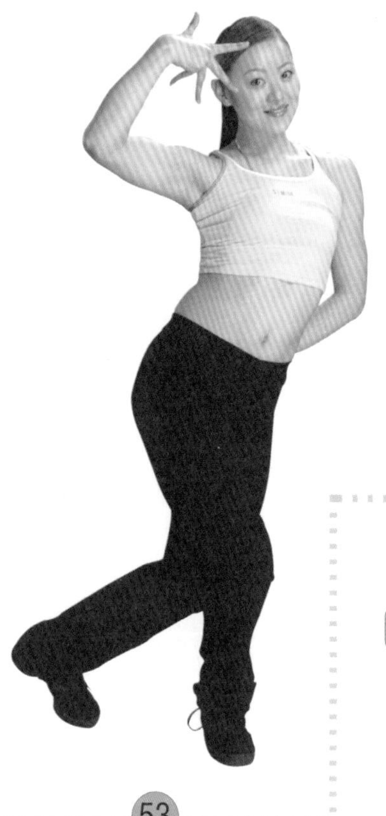

神秘性感的肚皮舞讓女性癡迷，讓男人沉醉。

每一次肩臂款擺好似花兒開放，每一次落地的腳步彷彿落葉輕盈。

堅持1週4至5次的練習，不久您將用性感迷人的身姿，演繹時尚的驚豔。

53 踏步蹲，一手背手，另一手屈臂五指分開於耳旁。

53

熱舞瘦身小品之

赤紅綻放

當狂野的赤紅碰撞迷情的優雅，
綻放在充滿奇思妙想的時尚空間
——時而嫵媚，時而熱辣，時而嬌豔，
折射出一個活色生香的陽光寵兒，
搖擺激情跳動的熱力節拍。
高挑躍動的健康線條，
跟隨激情的紅扇，
儘情揮灑出與衆不同的魅力，
締造赤紅綻放的神話。

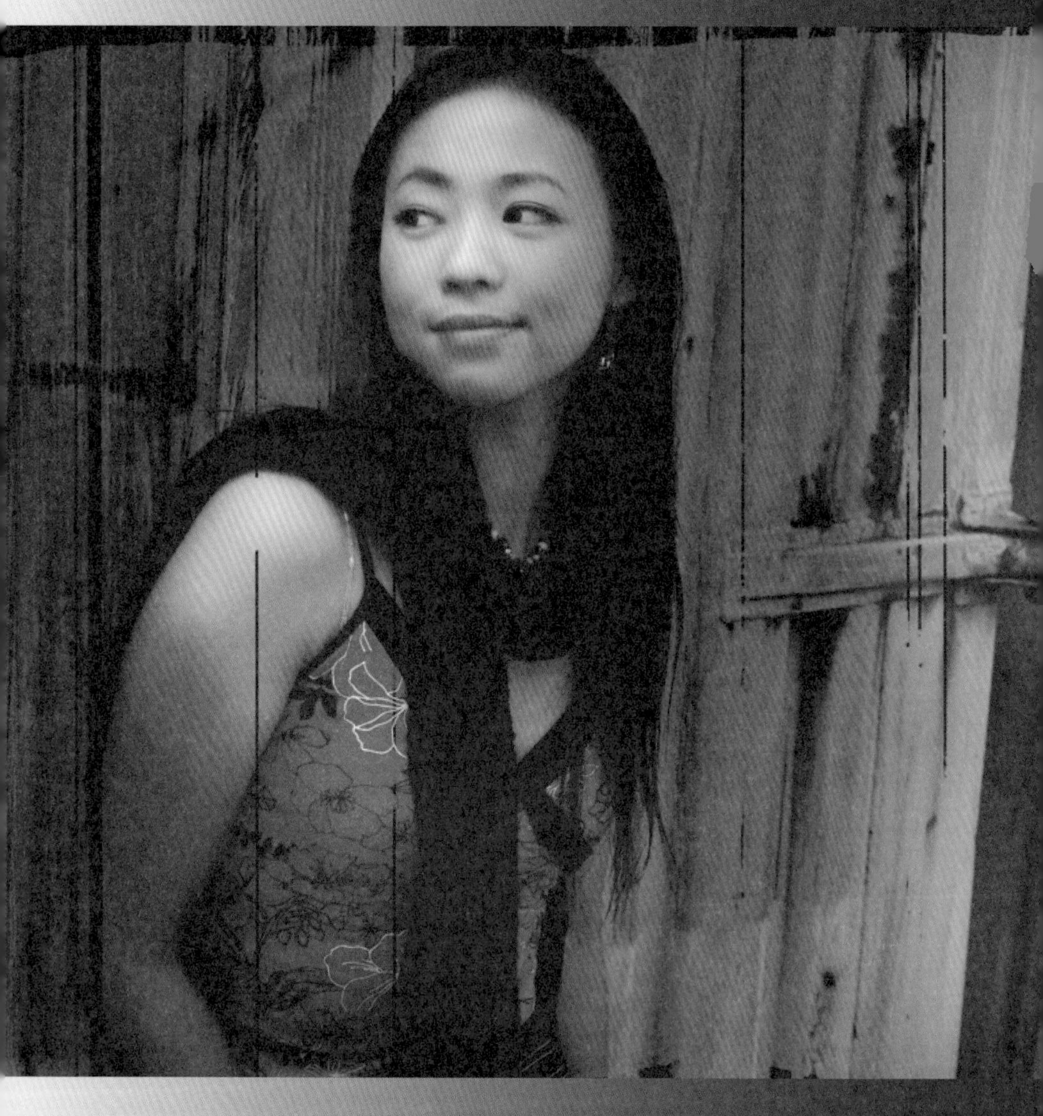

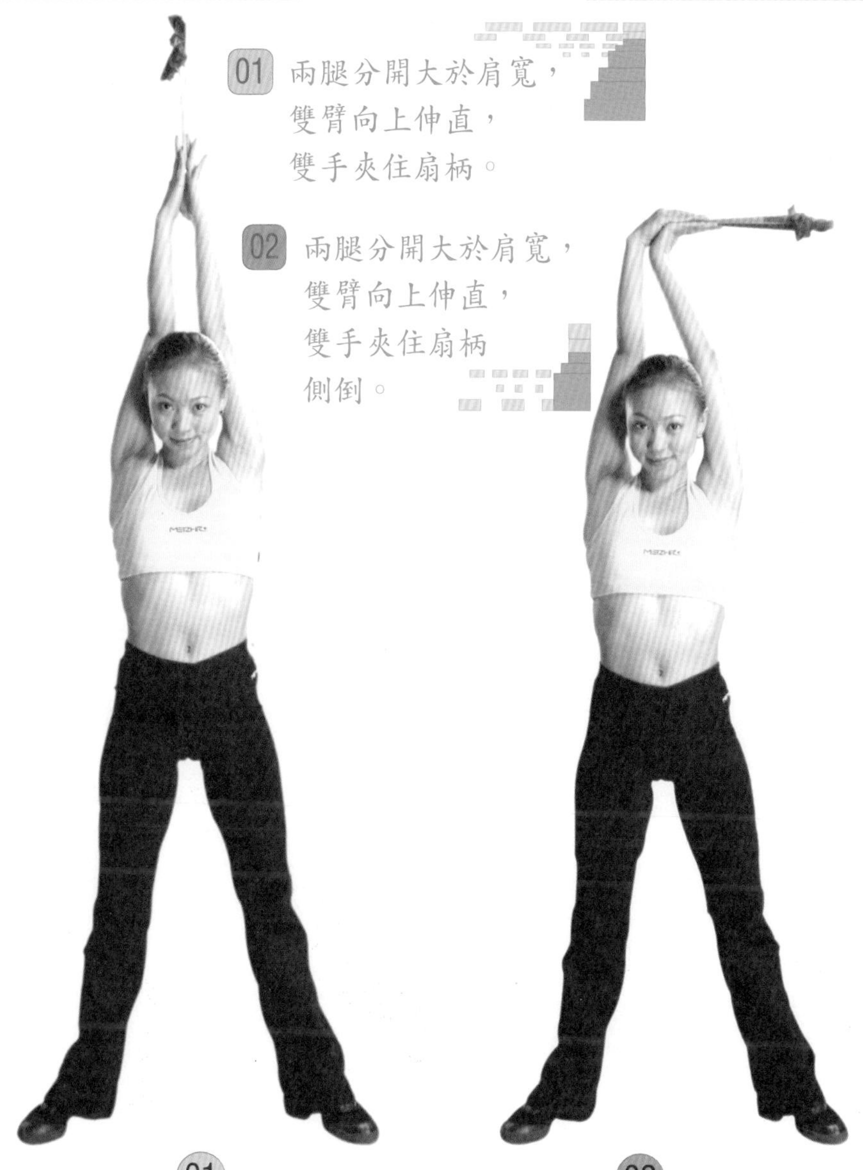

01 兩腿分開大於肩寬，
雙臂向上伸直，
雙手夾住扇柄。

02 兩腿分開大於肩寬，
雙臂向上伸直，
雙手夾住扇柄
側倒。

01　02

03 兩腿分開大於肩寬，
雙臂向上伸直，
雙手夾住扇柄，
上身側傾。

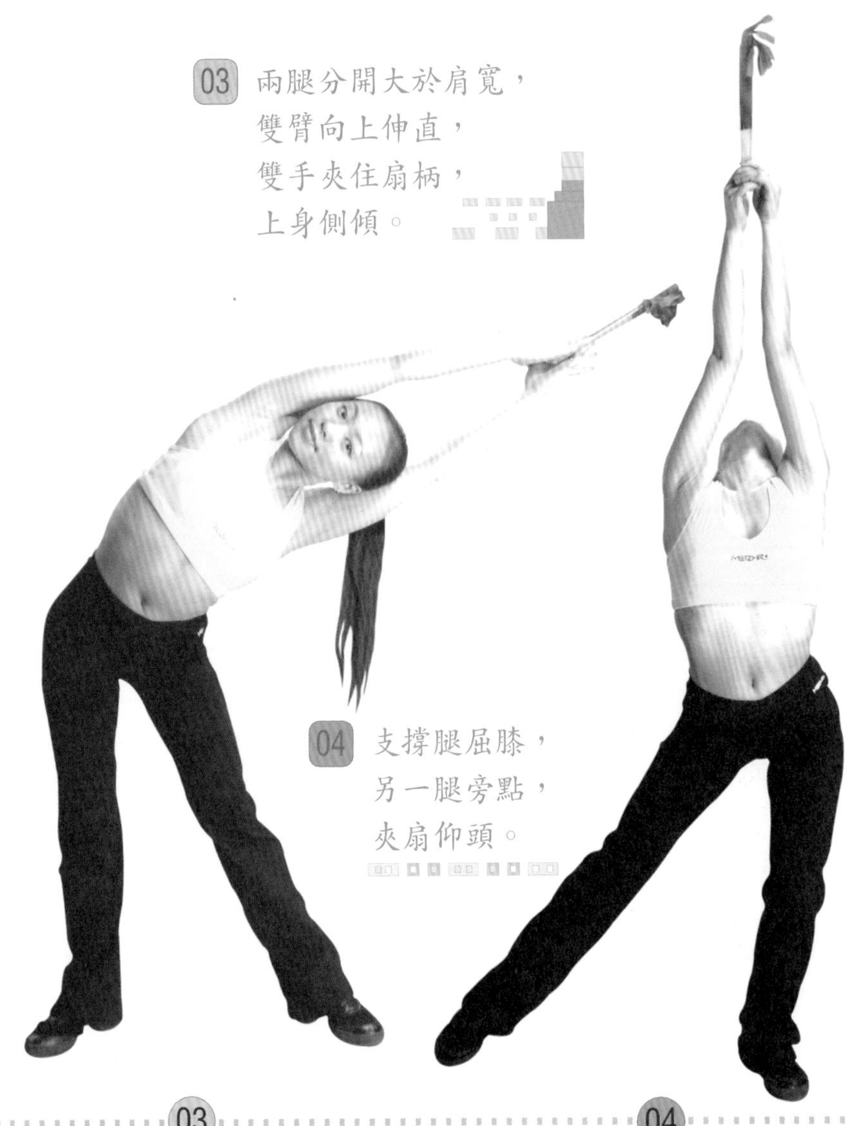

04 支撐腿屈膝，
另一腿旁點，
夾扇仰頭。

03 04

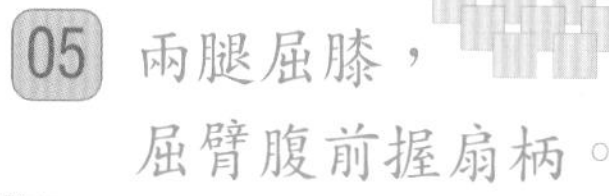

05 兩腿屈膝，
屈臂腹前握扇柄。

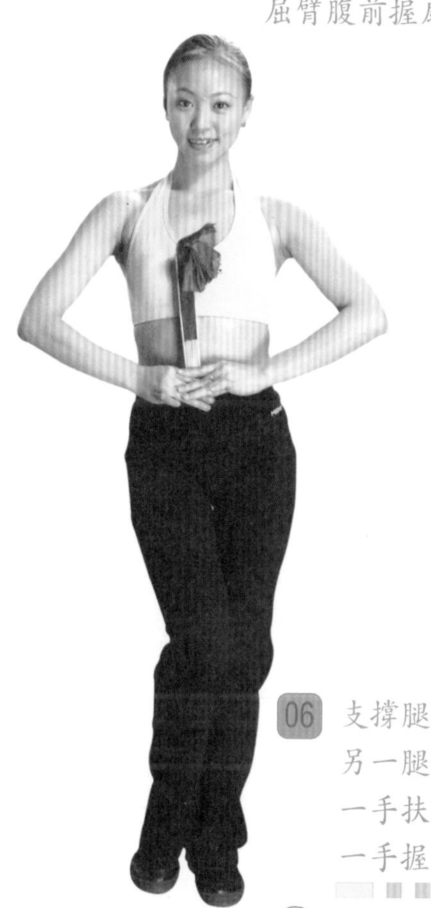

06 支撐腿直立，
另一腿吸腿，擰身，
一手扶髖，
一手握扇上舉。

05 06

07 踏步，
單手屈臂握扇低頭。

08 踏步蹲，仰頭，
握扇手臂向後伸直。

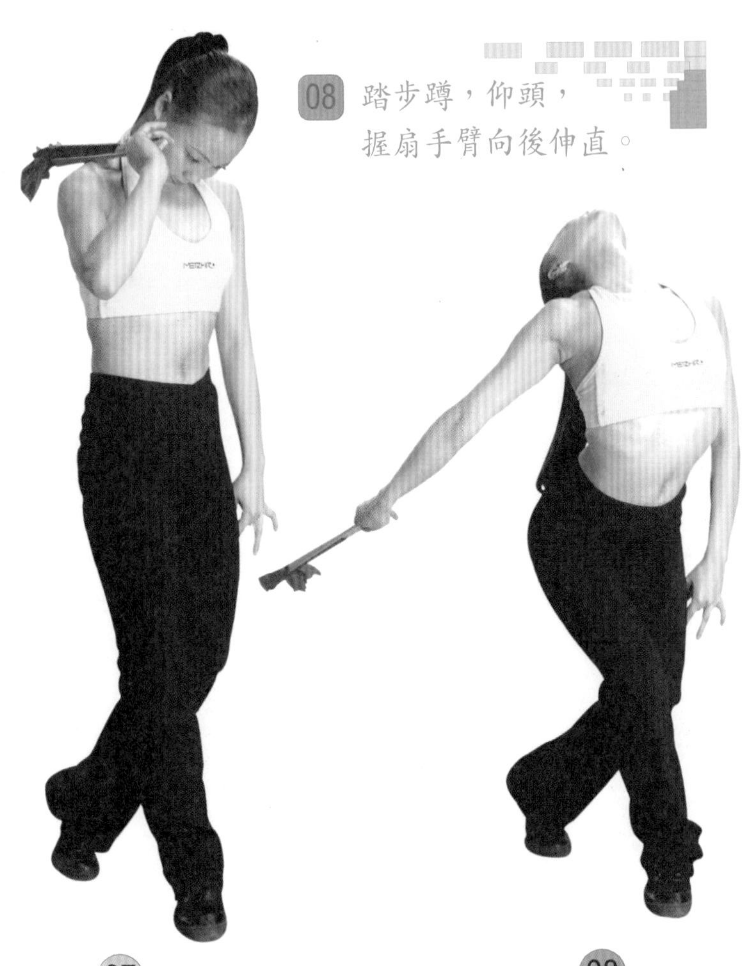

07 08

10 兩腿屈膝，一腳點地，
雙手捏住扇柄開扇。

09 支撐腿屈膝，另一腿旁開，
胸側屈臂握扇，上身側傾。

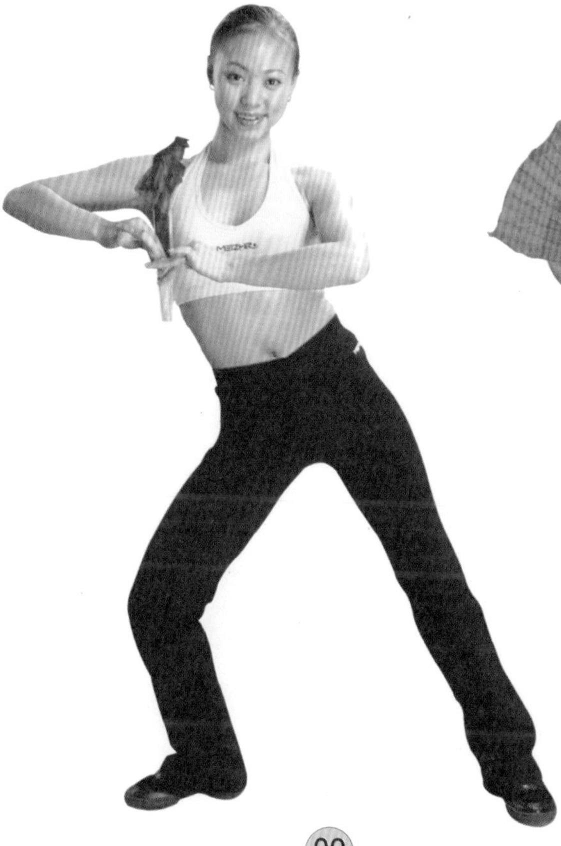

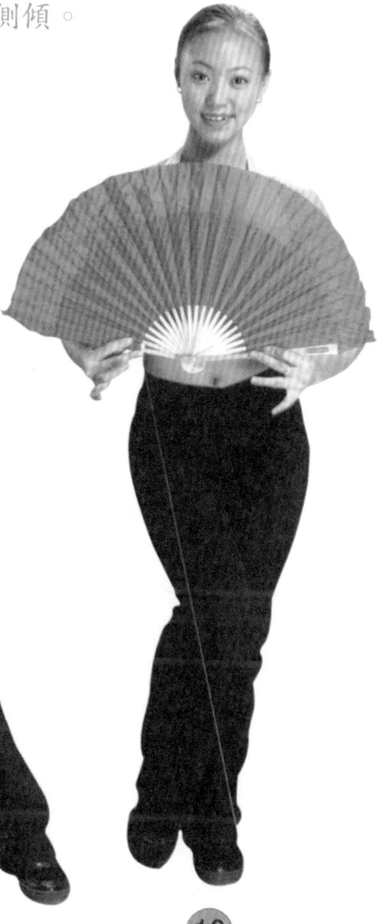

09

10

11 支撐腿直立，
另一腿向前抬至25度，
雙臂向上開扇仰頭。

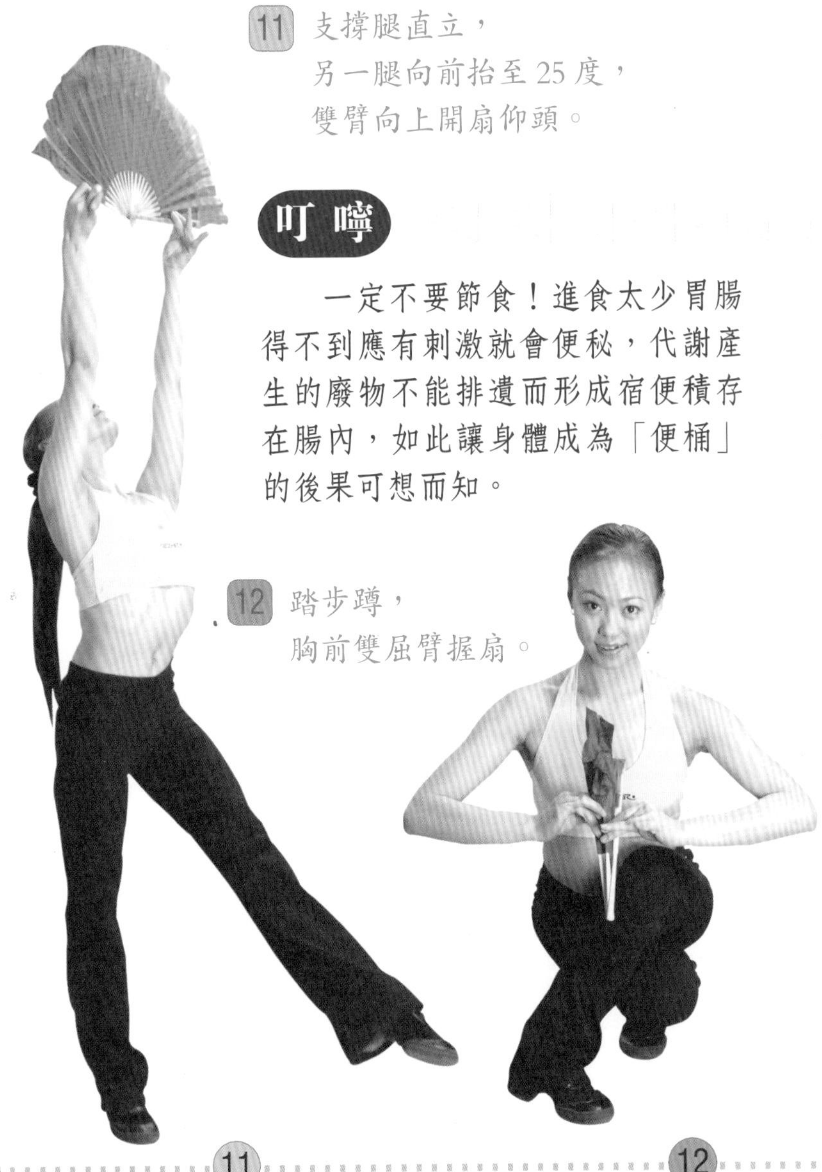

叮嚀

一定不要節食！進食太少胃腸得不到應有刺激就會便秘，代謝產生的廢物不能排遺而形成宿便積存在腸內，如此讓身體成為「便桶」的後果可想而知。

12 踏步蹲，
胸前雙屈臂握扇。

11

12

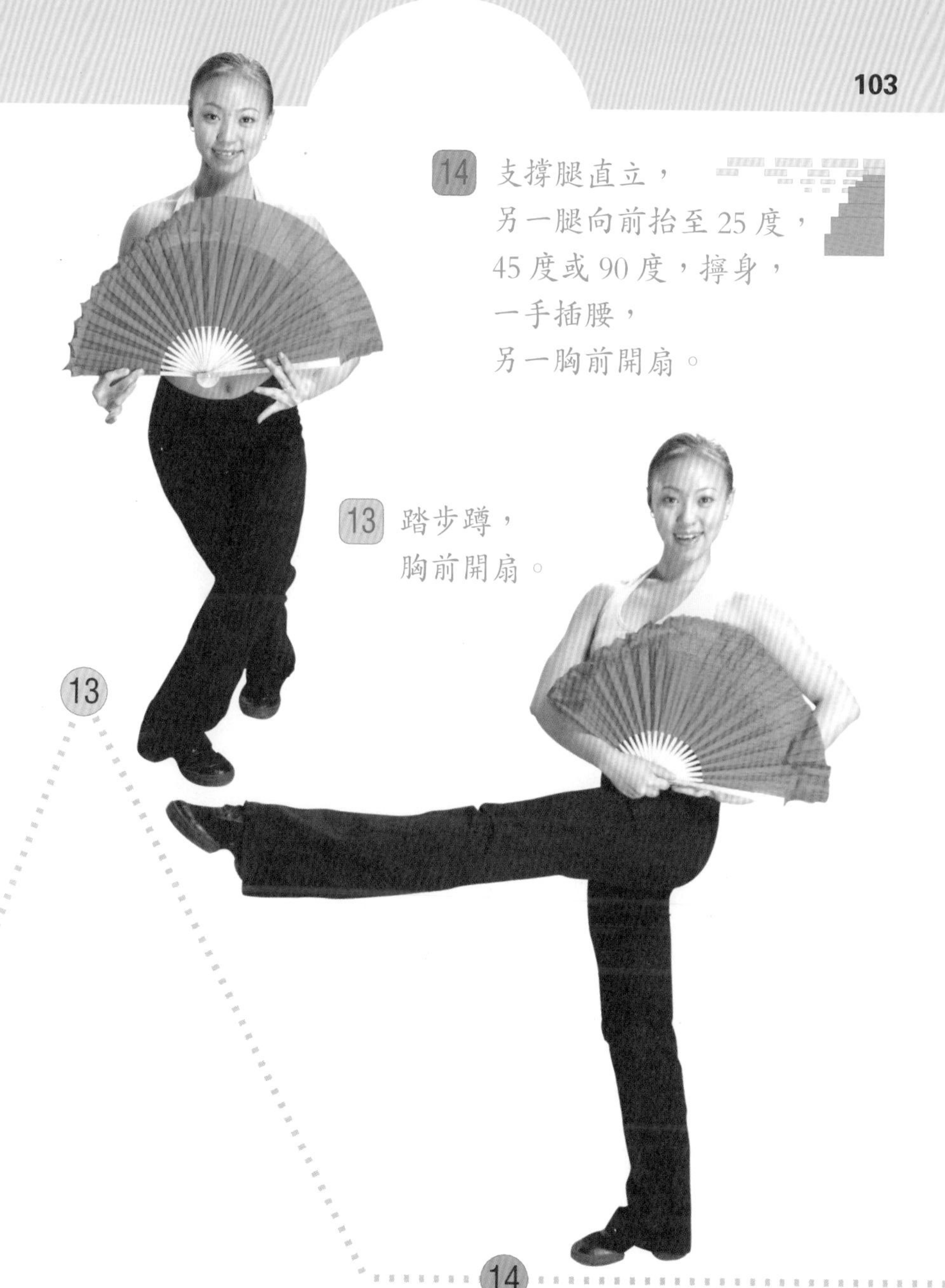

14 支撐腿直立，
另一腿向前抬至 25 度，
45 度或 90 度，擰身，
一手插腰，
另一胸前開扇。

13 踏步蹲，
胸前開扇。

16 支撐腿直立，另一腿吸腿，擰身，胸前屈臂握扇。

15 支撐腿直立，另一腿向前抬至 25 度，45 度或 90 度，擰身，一手插腰，另一手上舉開扇。

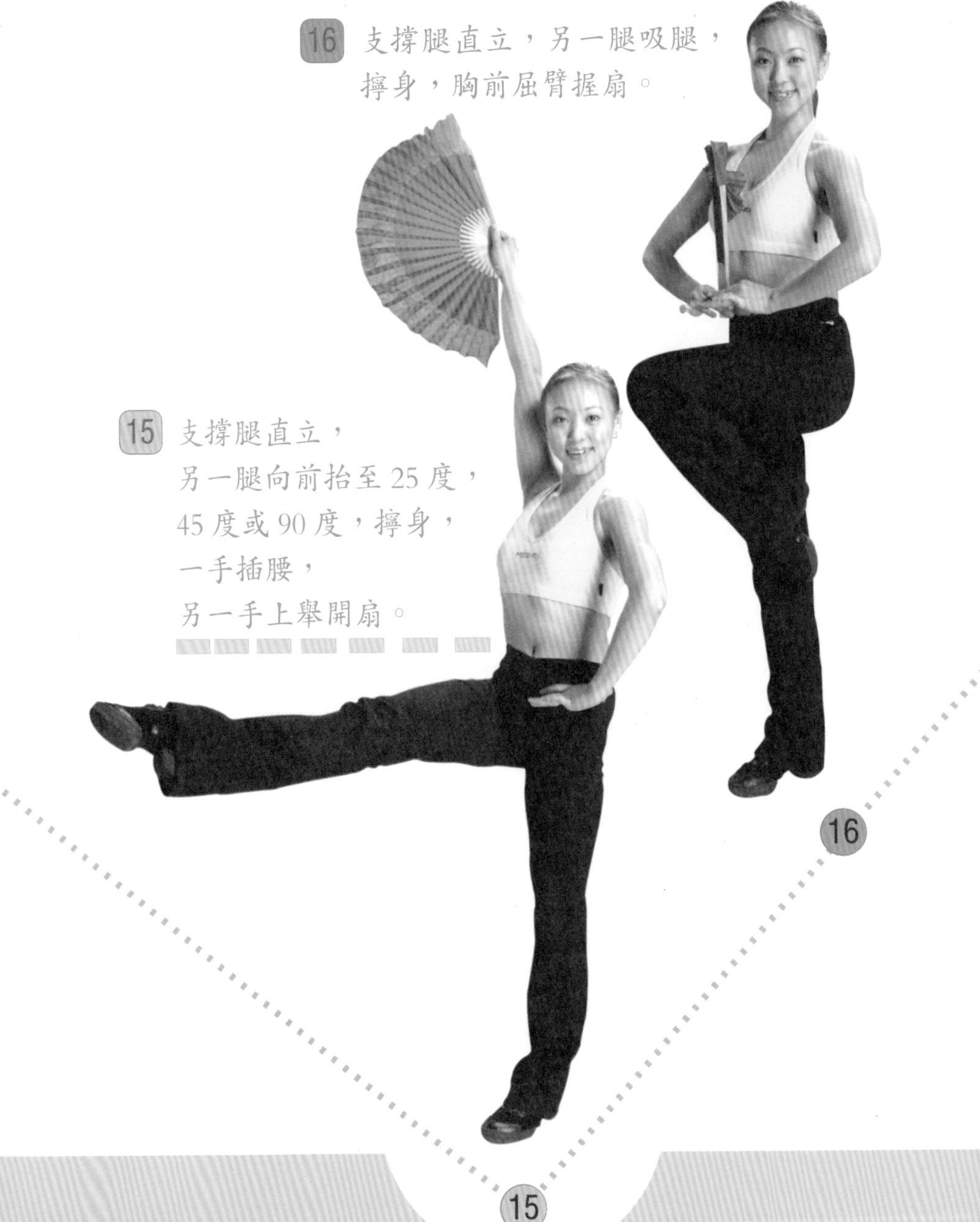

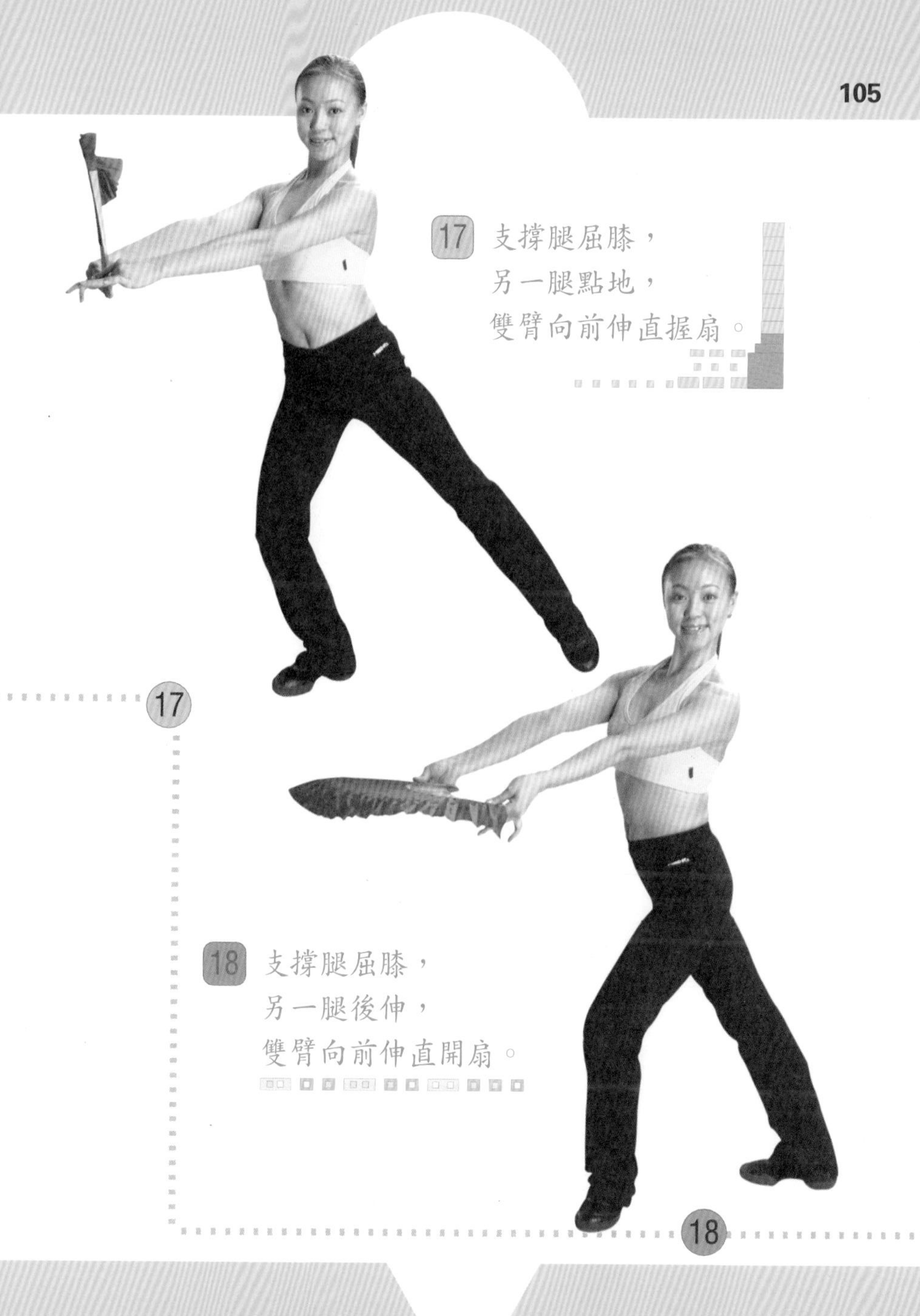

17 支撐腿屈膝，
另一腿點地，
雙臂向前伸直握扇。

18 支撐腿屈膝，
另一腿後伸，
雙臂向前伸直開扇。

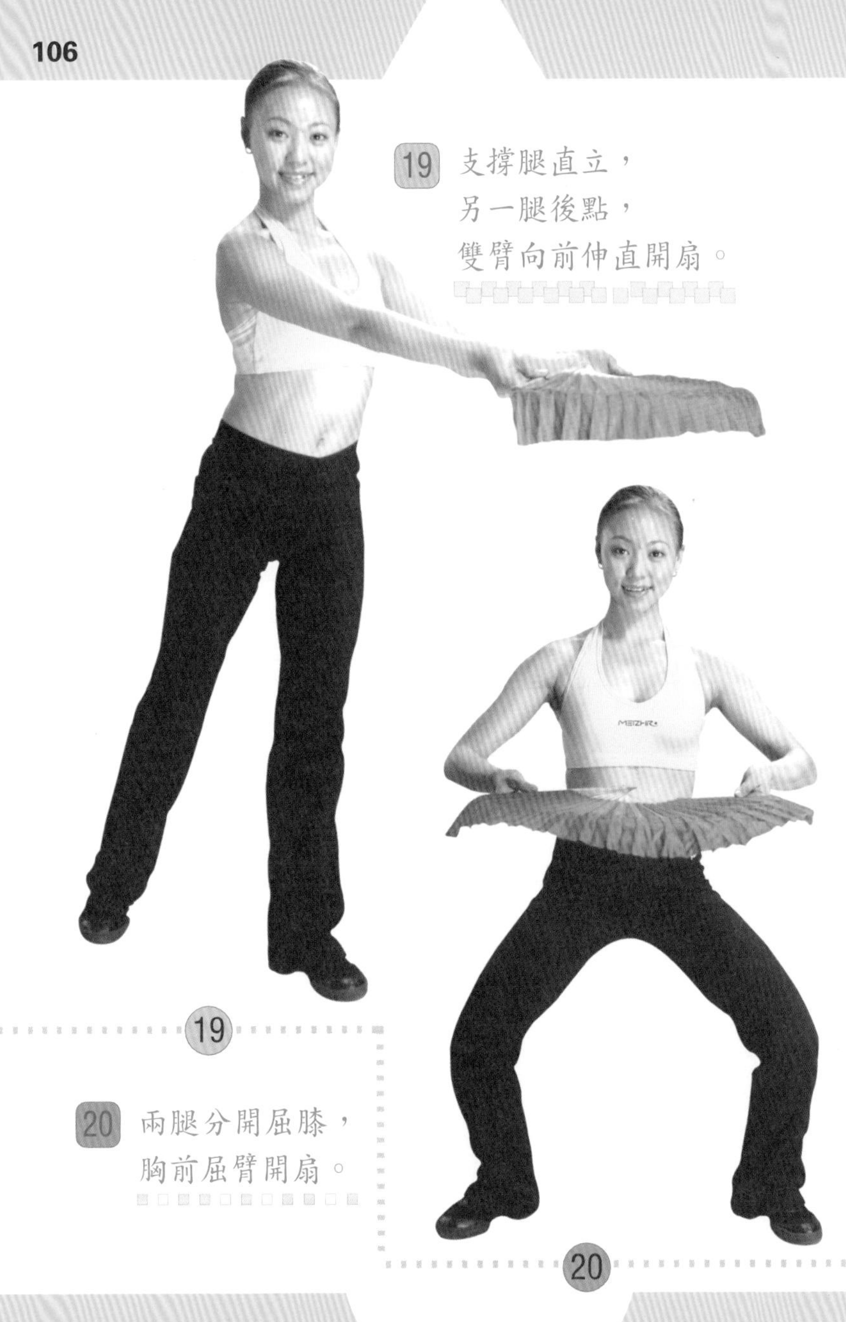

19 支撐腿直立，
另一腿後點，
雙臂向前伸直開扇。

19

20 兩腿分開屈膝，
胸前屈臂開扇。

20

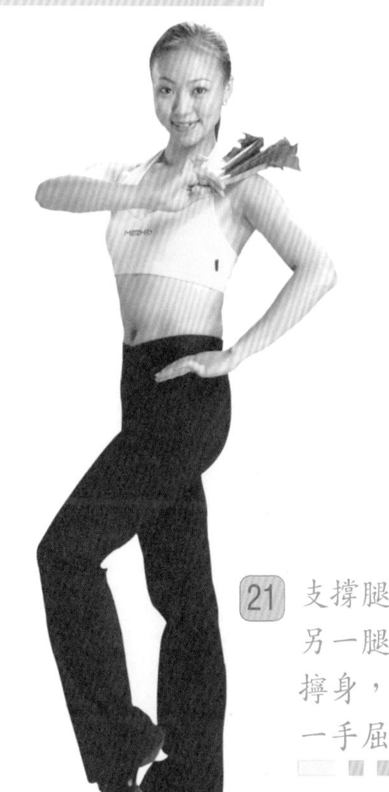

21 支撐腿直立，
另一腿屈膝點地，
擰身，一手插腰，
一手屈臂握扇點肩。

21

22 支撐腿直立，
另一腿屈膝點地，
擰身，一手插腰，
一手向上伸直開扇。

22

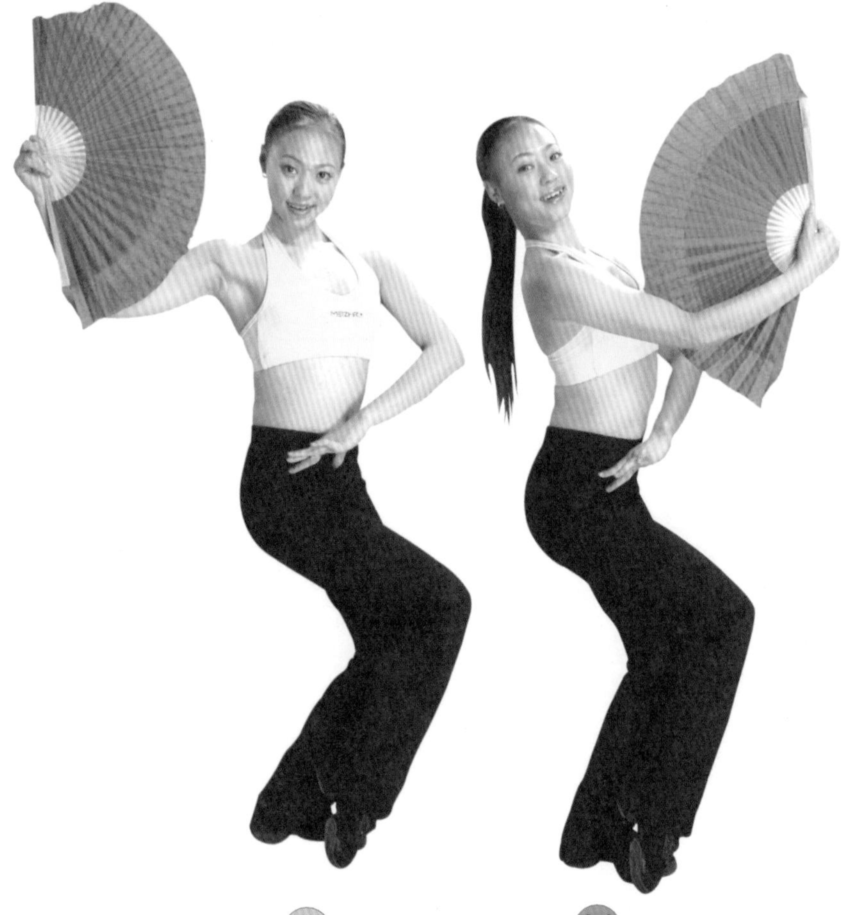

23 24

23 兩腿屈膝一腳點地，擰身，一手扶髖，一手向旁屈臂開扇。

24 兩腿屈膝一腳點地，擰身，一手扶髖，一手屈臂胸前開扇。

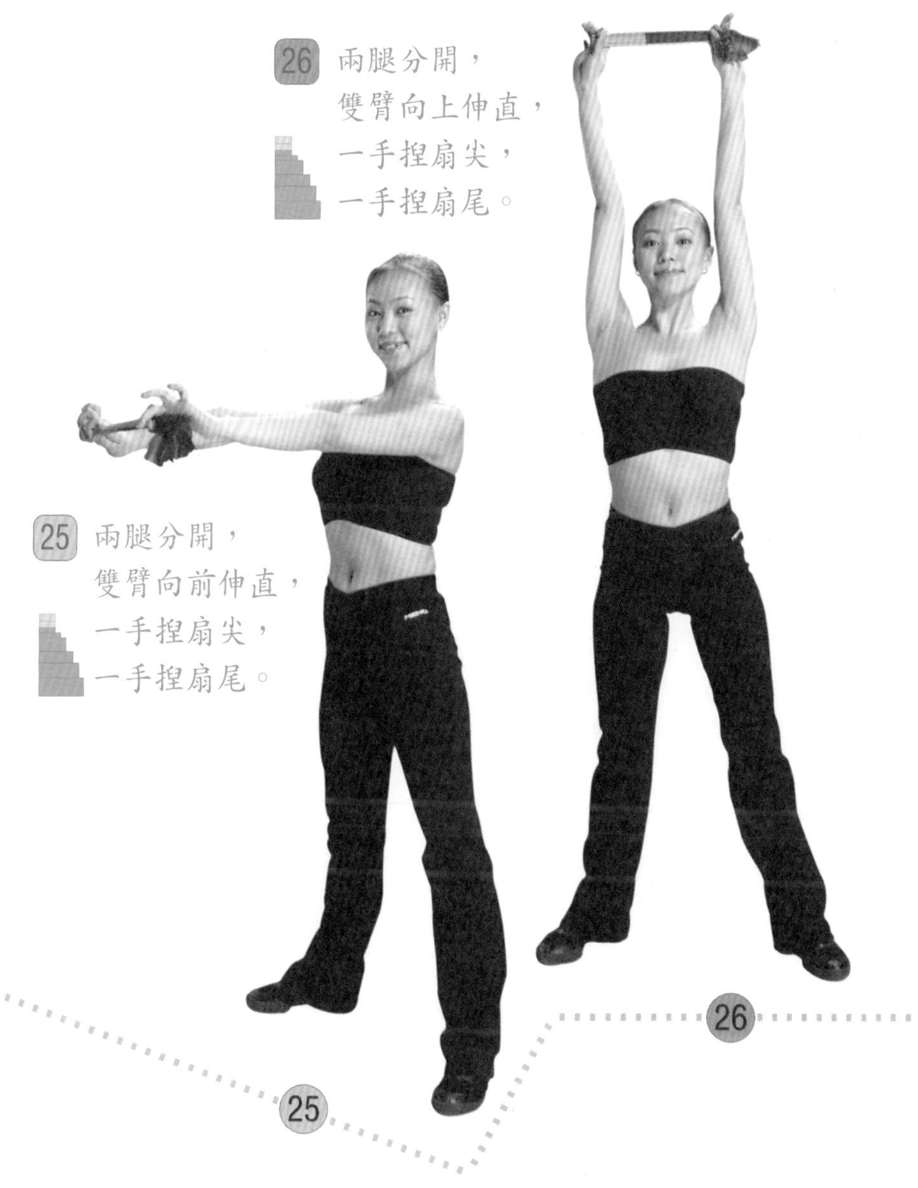

26 兩腿分開，
雙臂向上伸直，
一手揑扇尖，
一手揑扇尾。

25 兩腿分開，
雙臂向前伸直，
一手揑扇尖，
一手揑扇尾。

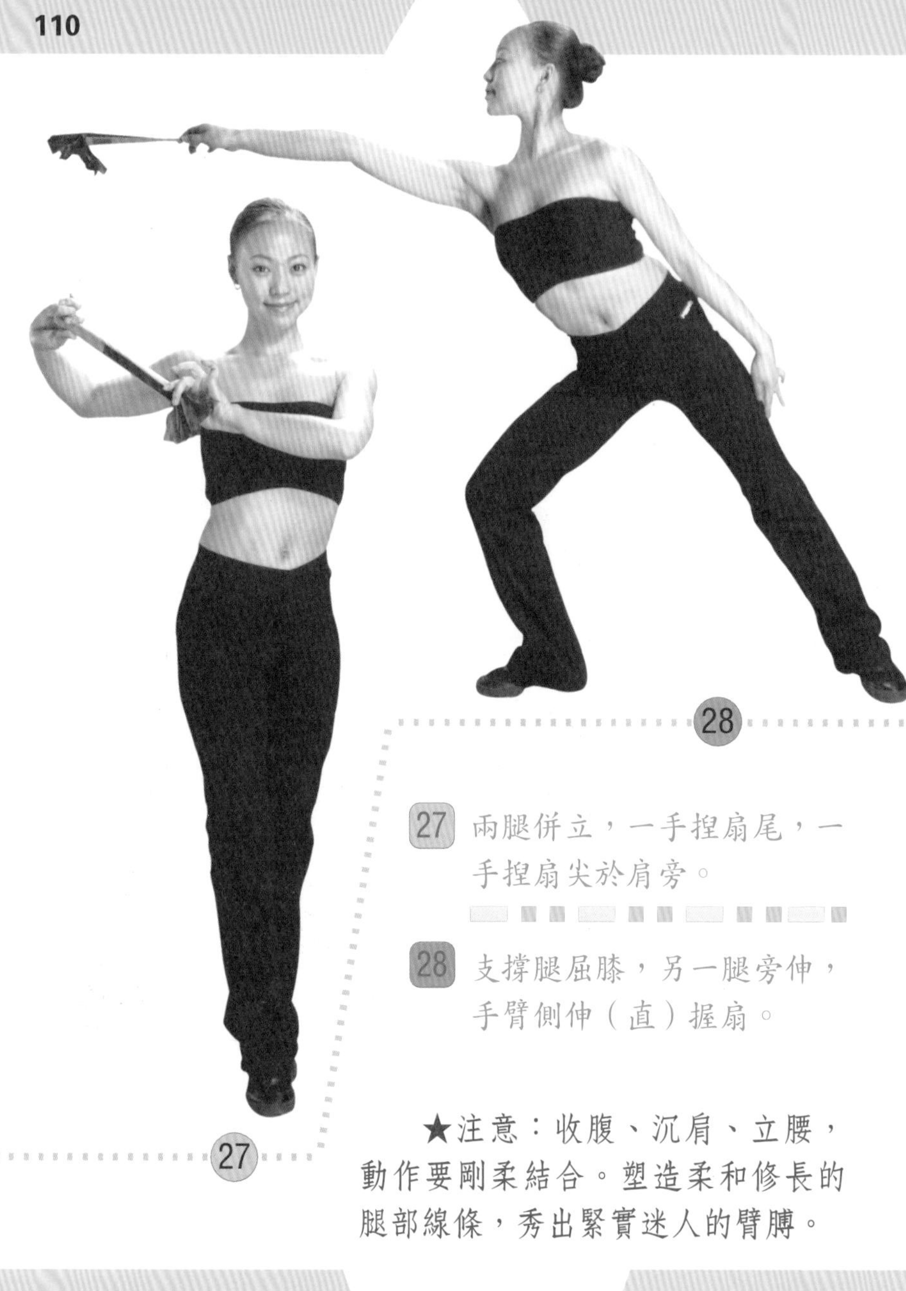

27 兩腿併立，一手捏扇尾，一手捏扇尖於肩旁。

28 支撐腿屈膝，另一腿旁伸，手臂側伸（直）握扇。

★注意：收腹、沉肩、立腰，動作要剛柔結合。塑造柔和修長的腿部線條，秀出緊實迷人的臂膊。

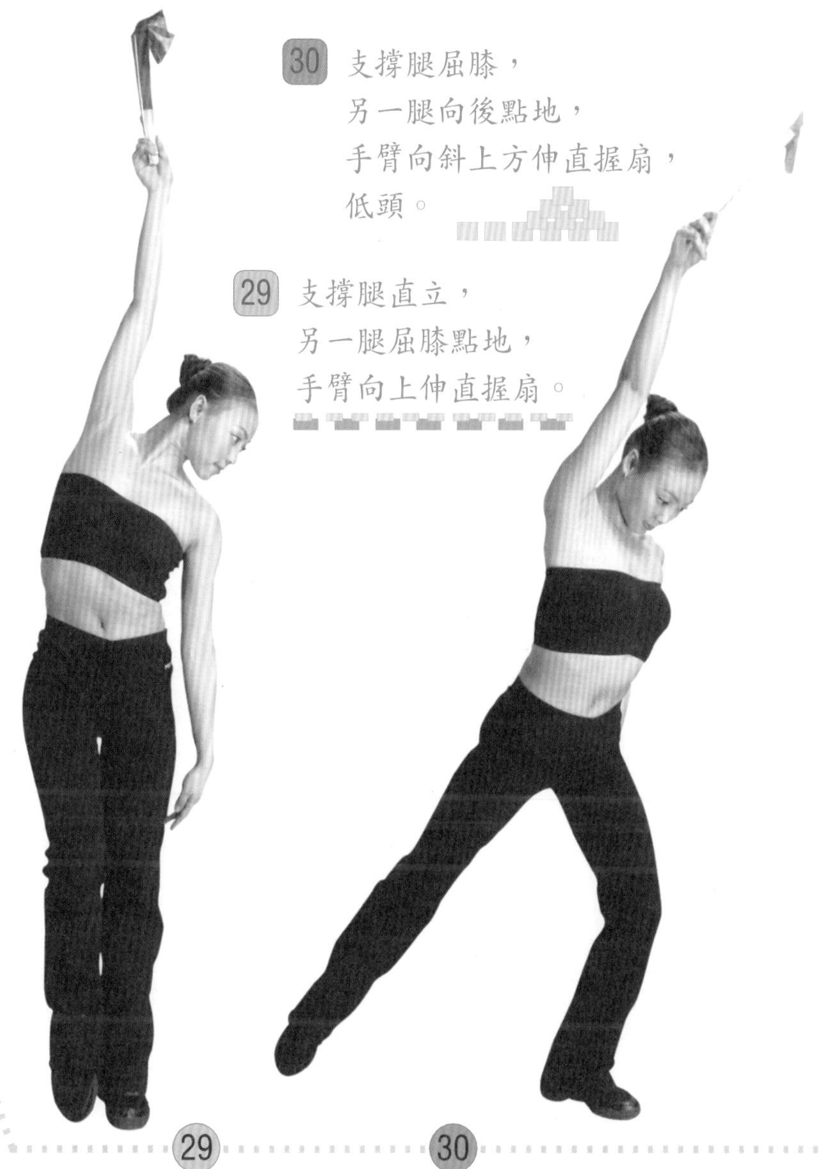

30 支撐腿屈膝，
另一腿向後點地，
手臂向斜上方伸直握扇，
低頭。

29 支撐腿直立，
另一腿屈膝點地，
手臂向上伸直握扇。

29 30

31 支撐腿屈膝，
另一腿向旁點地，
擰身，
手向斜上方屈臂開扇。

32 支撐腿屈膝，
另一腿向旁點地，
擰身，
手向斜上方屈臂開扇。

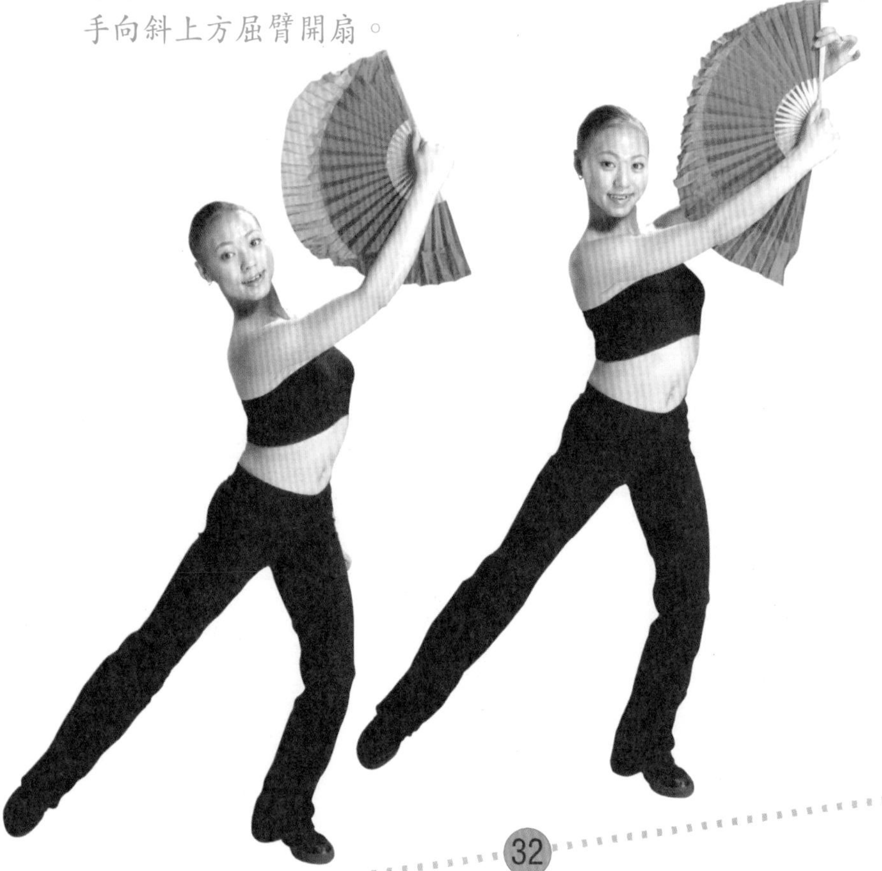

叮嚀

德國最新的醫學調查顯示，那些慢慢發福的人，其健康狀況並非通常認為的差一些，而讓瘦人鬱悶的是，他們的健康水平一點不比胖子們好，更讓人意想不到，那些艱苦努力快速減掉了脂肪的人，健康反而大受影響。有損健康的主因不是胖與瘦，而是體重的頻繁波動。因此，我們建議您一定要放慢減肥的速度。

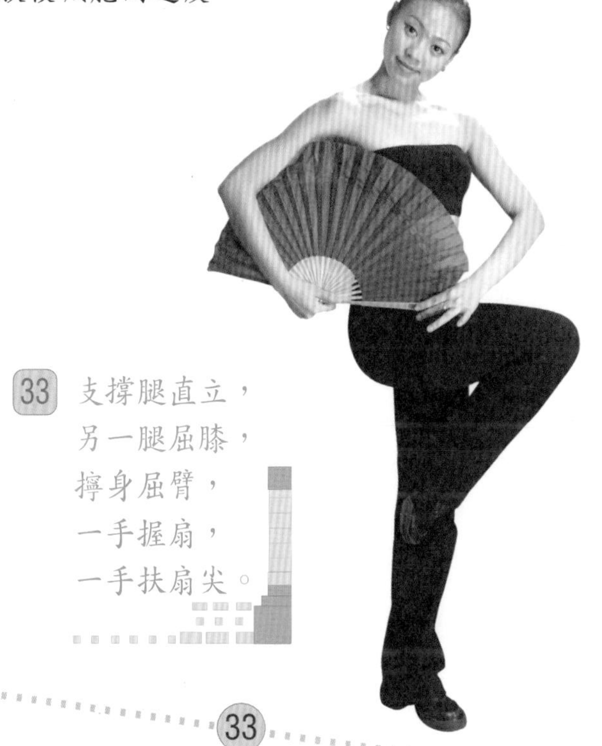

33 支撐腿直立，
另一腿屈膝，
擰身屈臂，
一手握扇，
一手扶扇尖。

33

★注意：上肢動作的幅度儘可能放大及腿部重心的轉換。提高上體的柔韌性及身體的平衡能力，在動感的音樂中放鬆心情，展示自我。

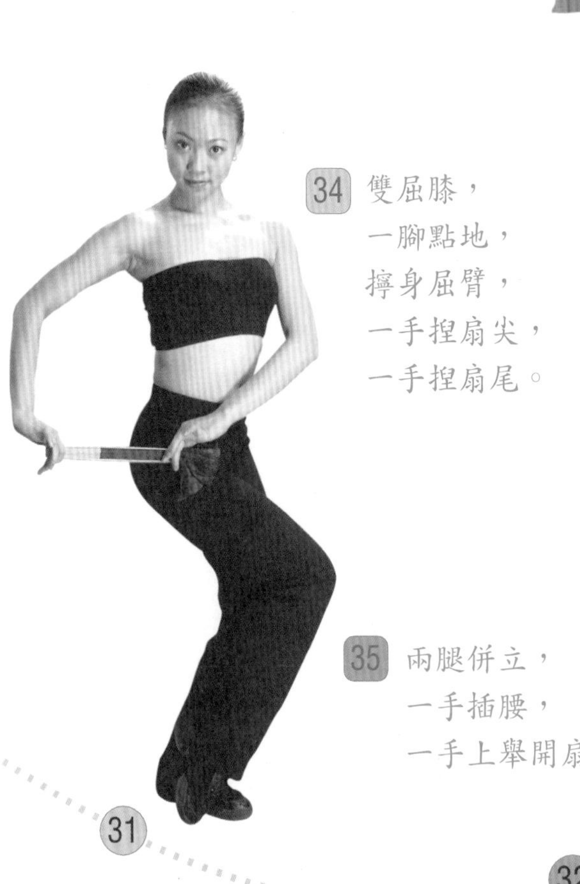

34 雙屈膝，
一腳點地，
擰身屈臂，
一手捏扇尖，
一手捏扇尾。

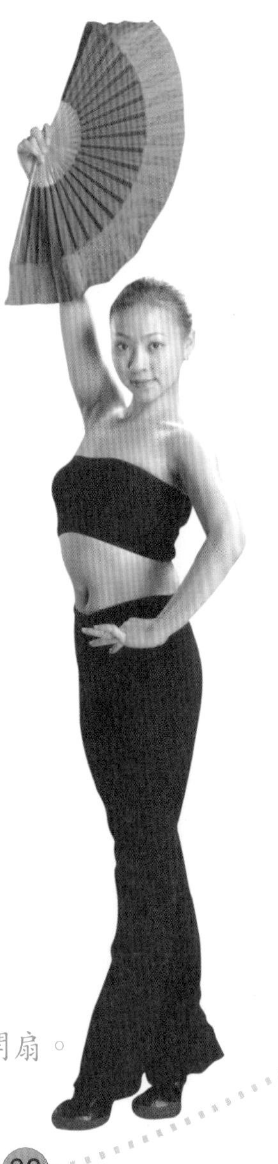

35 兩腿併立，
一手插腰，
一手上舉開扇。

31

32

37 支撐腿直立，
另一腿旁開屈膝，
一手斜下方伸直，
另一手上舉開扇，擰頭。

36 兩腿屈膝，
一腿向旁點地，
雙臂伸直，
開扇仰頭。

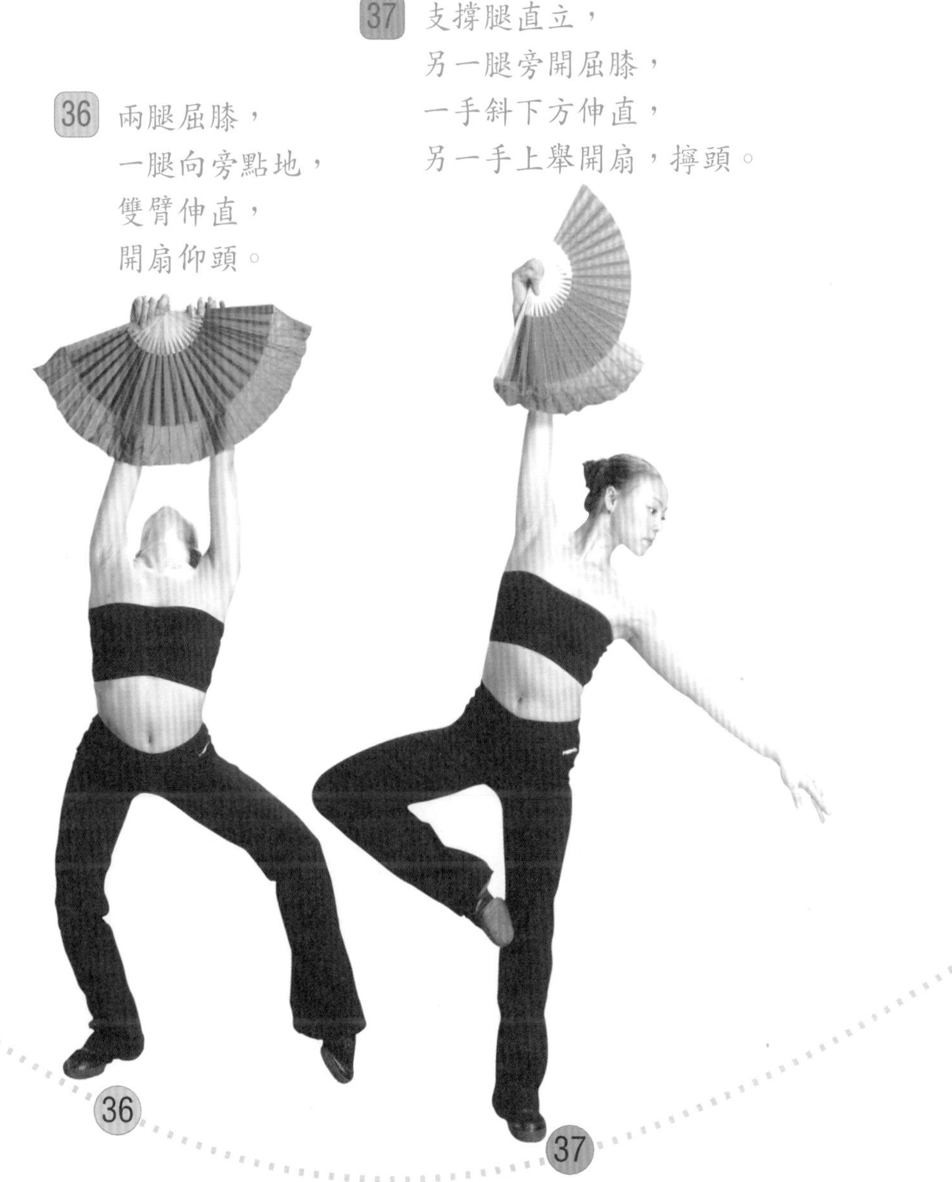

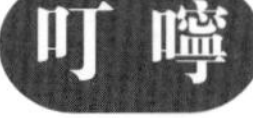

38 兩腿併立，
雙臂上舉開扇，
低頭。

脂肪對於女性非常重要，如果體脂比例低於14%就會影響內分泌，甚至不再月經，這很危險。可見減肥一不能太快，二是要有節制。最好是用合理的進食與運動，將體脂控制在17-20%的範圍內。

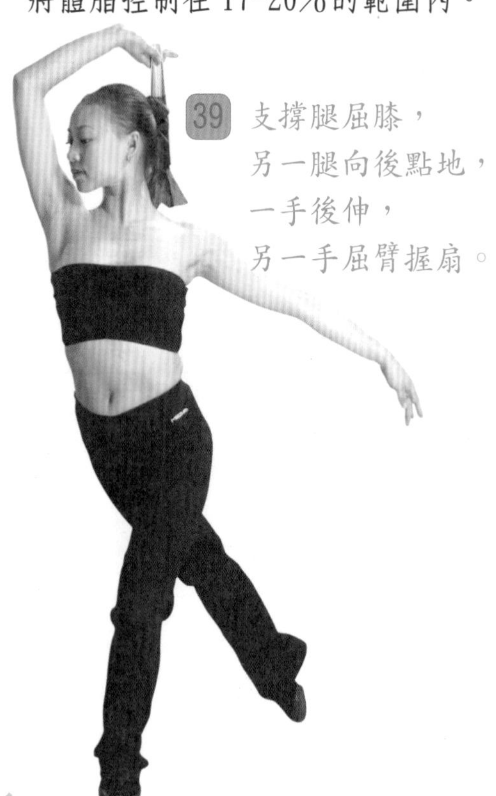

39 支撐腿屈膝，
另一腿向後點地，
一手後伸，
另一手屈臂握扇。

38

39

40 前腿屈膝點地，後腿蹬直，
重心在中間，擰身，
胸前開扇。

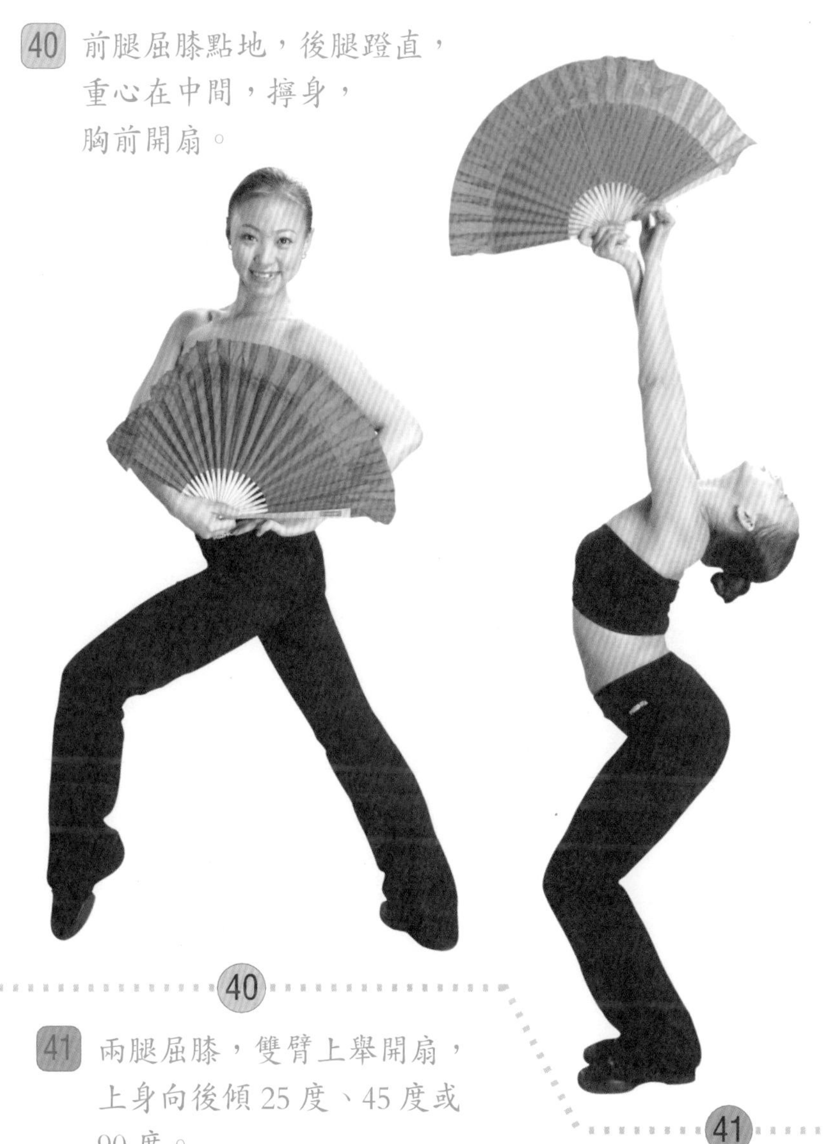

40

41 兩腿屈膝，雙臂上舉開扇，
上身向後傾 25 度、45 度或
90 度。

41

叮嚀

練習後應注意給機體補水，如出汗較多則應飲用一些功能性飲料如體飲、脈動等，方法是約隔 20 分鐘補充一次，每次 200 毫升。

另外，練習後 1 小時內不要進餐。

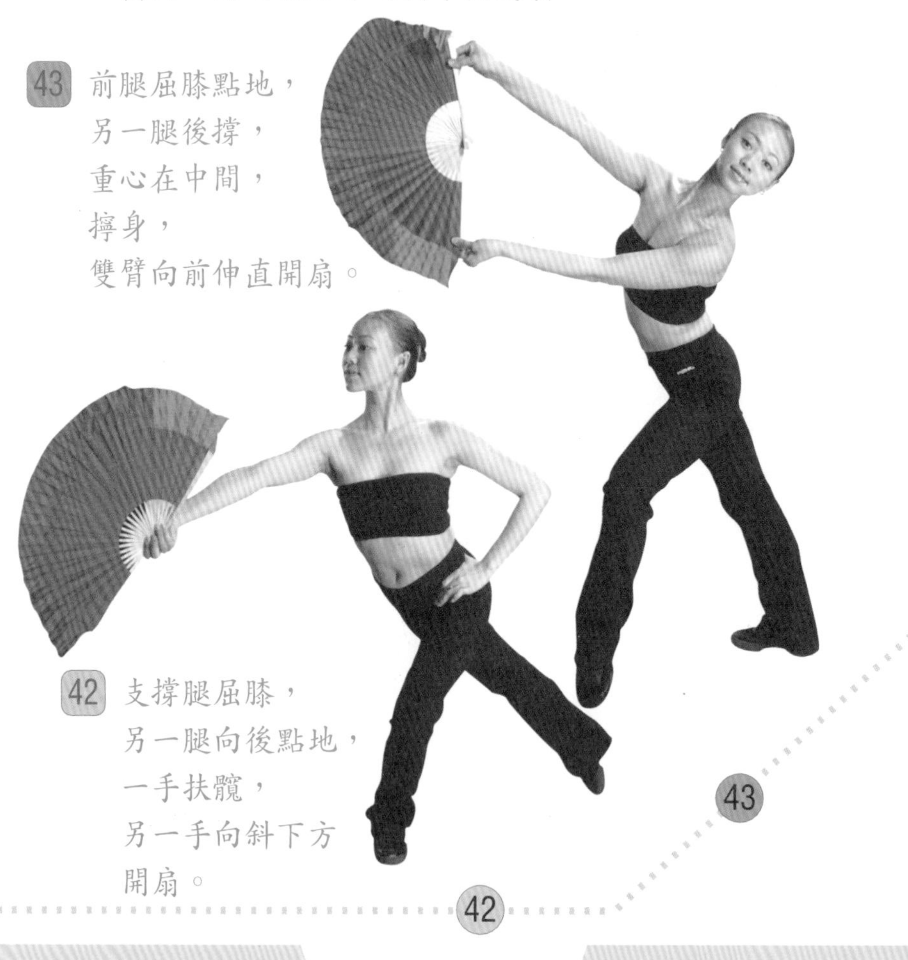

43 前腿屈膝點地，
另一腿後撐，
重心在中間，
擰身，
雙臂向前伸直開扇。

42 支撐腿屈膝，
另一腿向後點地，
一手扶髖，
另一手向斜下方
開扇。

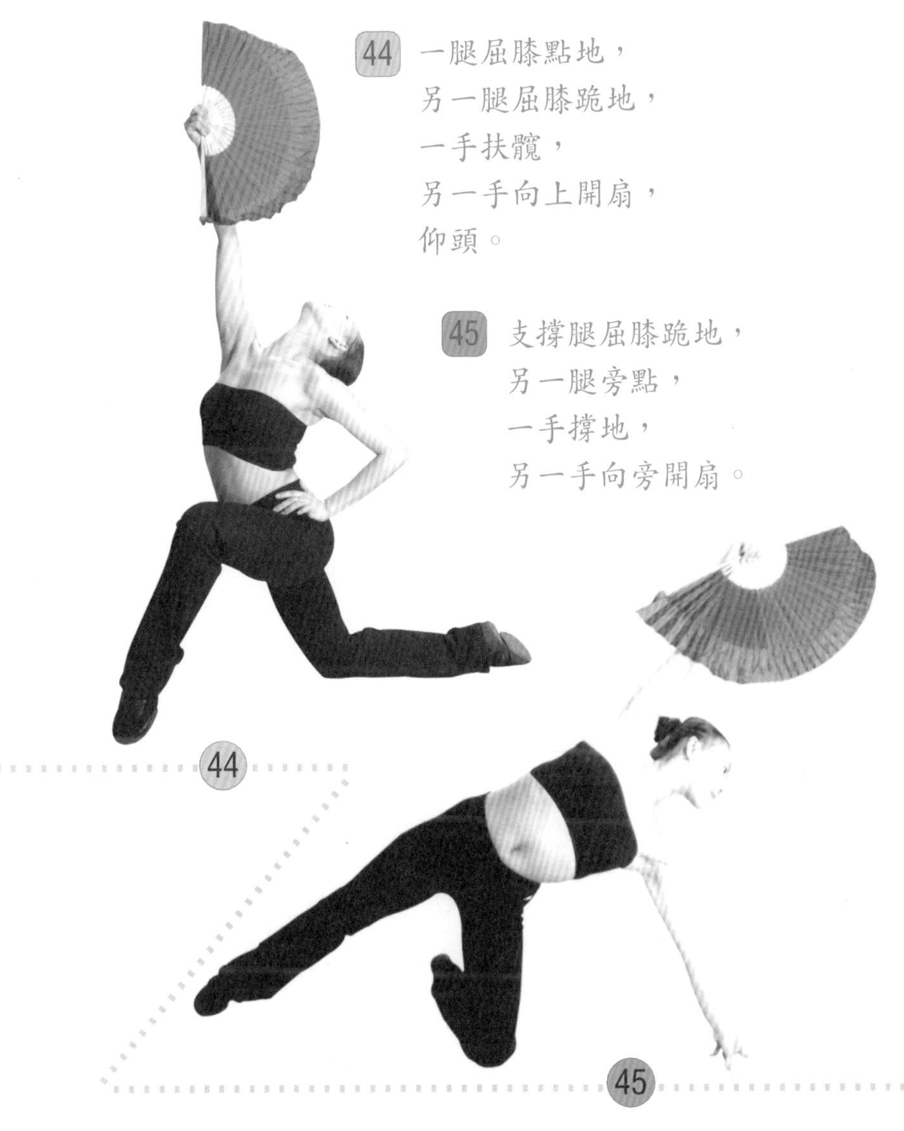

44 一腿屈膝點地，
另一腿屈膝跪地，
一手扶髖，
另一手向上開扇，
仰頭。

45 支撐腿屈膝跪地，
另一腿旁點，
一手撐地，
另一手向旁開扇。

44

45

46 兩腿屈膝，一腿點地，膝蓋向內，體側開扇。

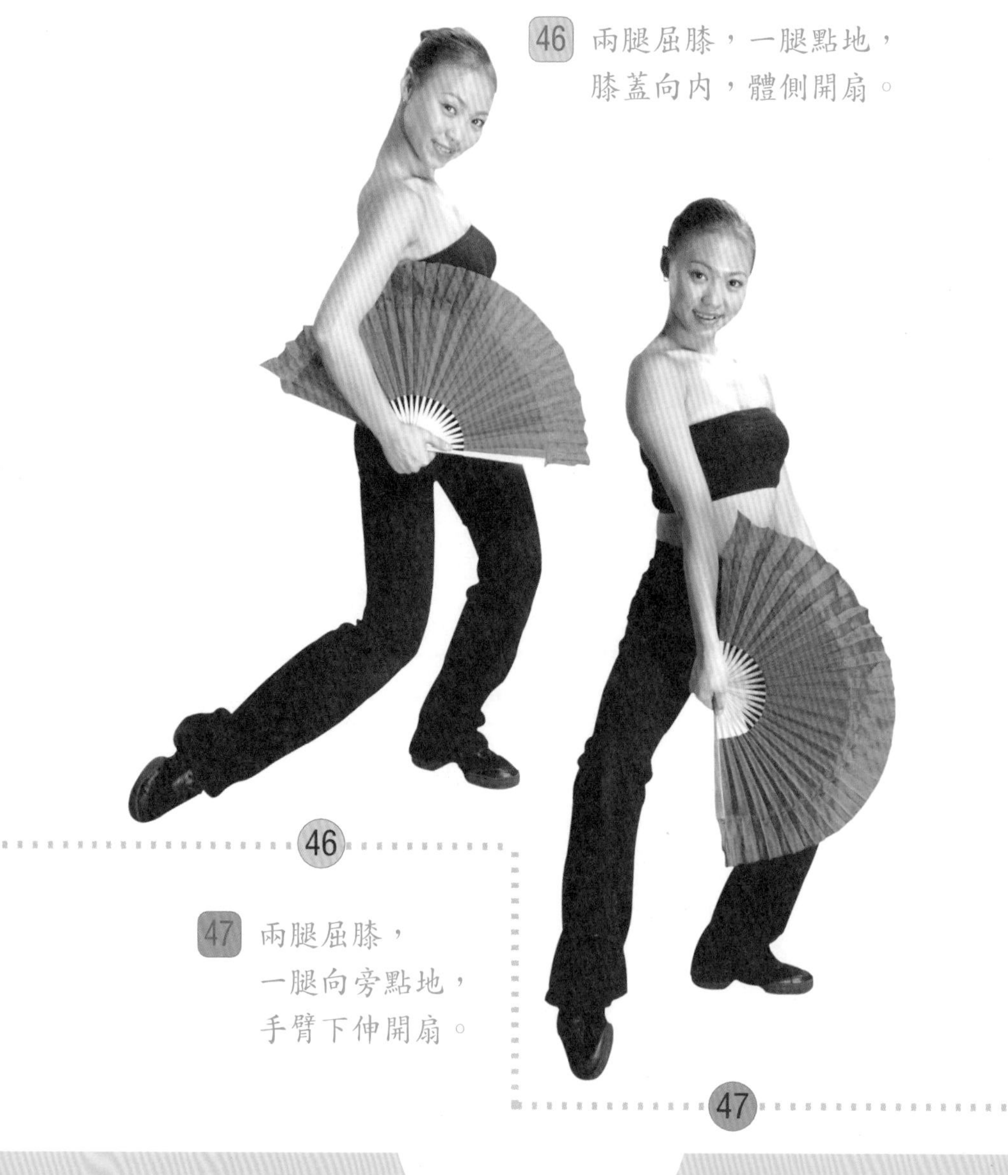

47 兩腿屈膝，一腿向旁點地，手臂下伸開扇。

49 支撐腿直立，
另一腿吸腿，
一手上舉，
另一手向下開扇。

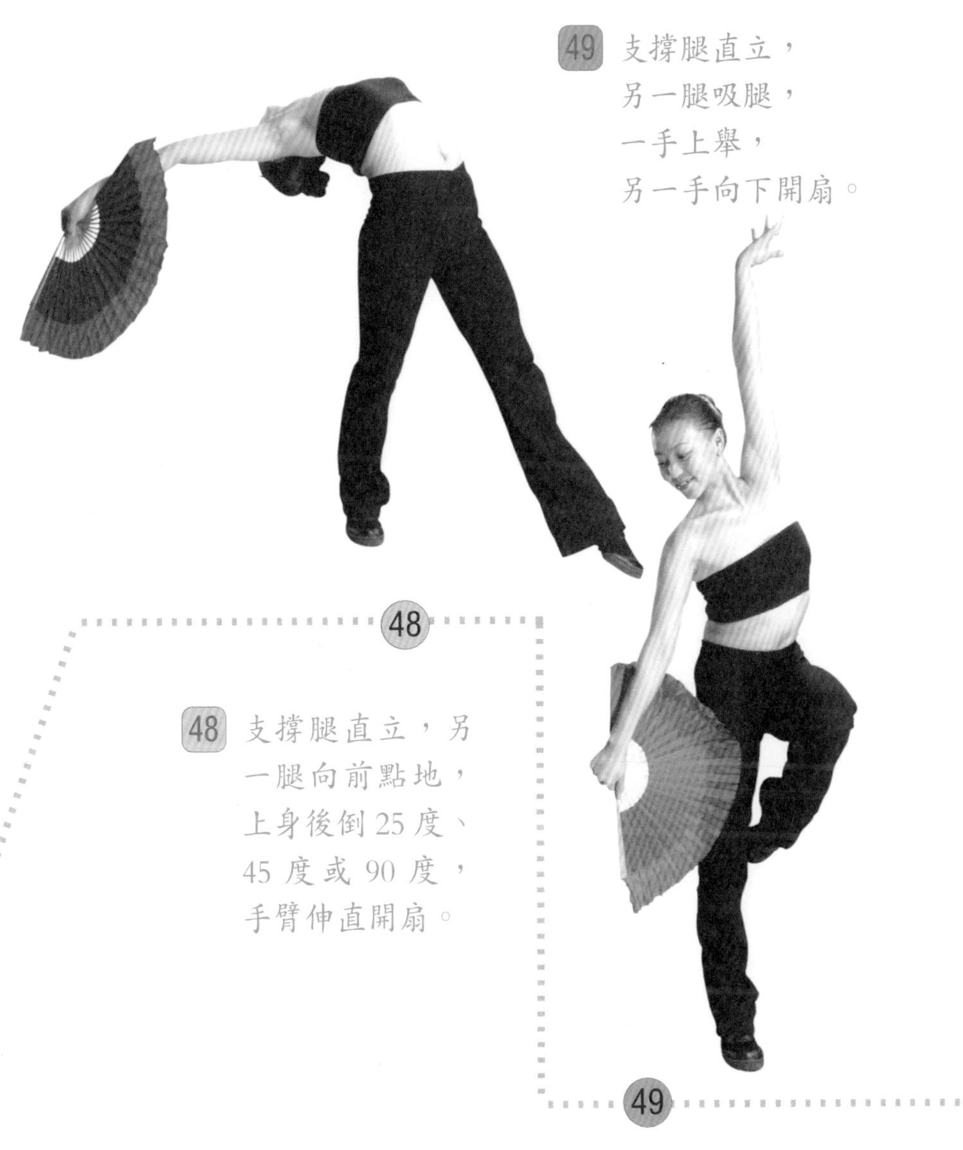

48 支撐腿直立，另
一腿向前點地，
上身後倒 25 度、
45 度或 90 度，
手臂伸直開扇。

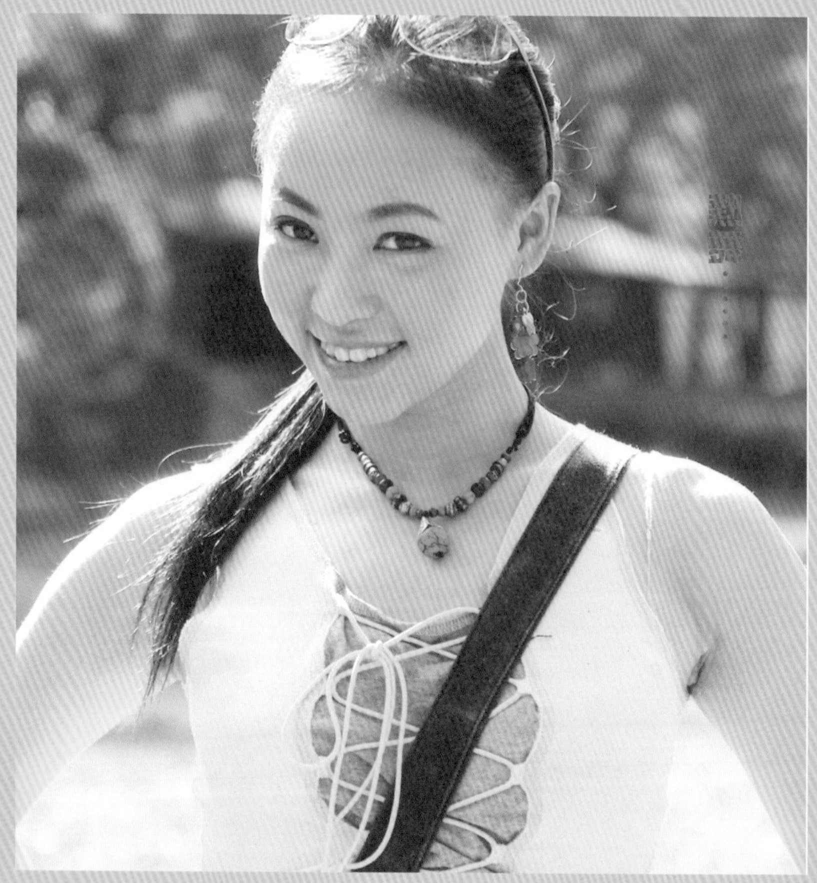

★注意：儘量將動作伸展開，動作停頓的時間長短，依個人情況而定。

本組5個8拍的動作是光盤中沒有的，動作難度稍大於上述幾組，可選擇自己喜歡的音樂來配合練習，展示您的個性風采。

狂野與優雅兼具，渾身滲透著時尚的氣息，散發出赤紅的活力。

心動—快快行動，堅持1週4至5次的練習，呈現您性感窈窕的身姿，詮釋美麗透感的別樣風情。

DATE ____________

導引養生功

1 疏筋壯骨功+VCD
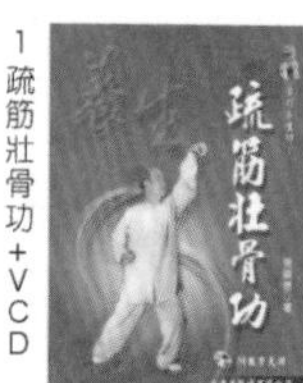
定價350元

2 導引保健功+VCD
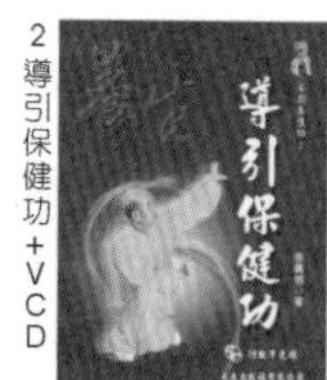
定價350元

3 頤身九段錦+VCD
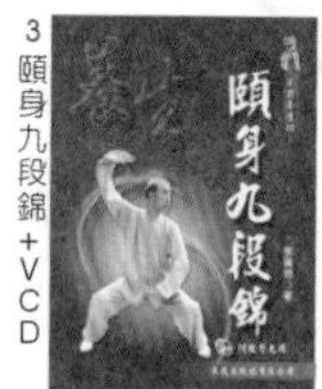
定價350元

4 九九還童功+VCD
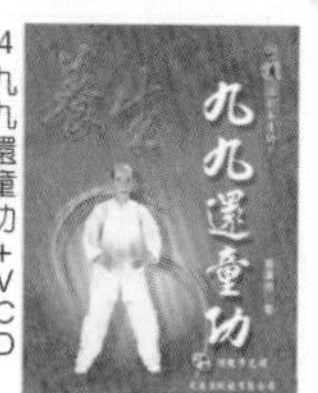
定價350元

5 舒心平血功+VCD
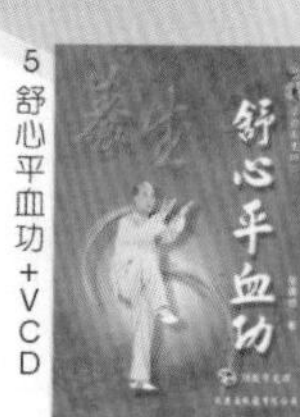
定價350元

6 益氣養肺功+VCD
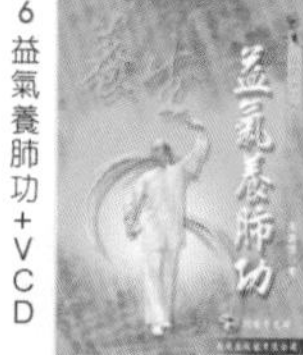
定價350元

7 養生太極扇+VCD
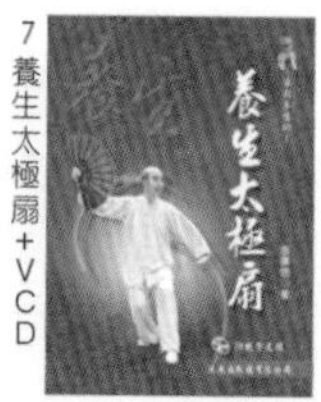
定價350元

8 養生太極棒+VCD
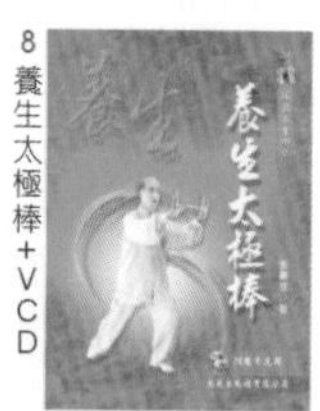
定價350元

9 導引養生形體詩韻+VCD
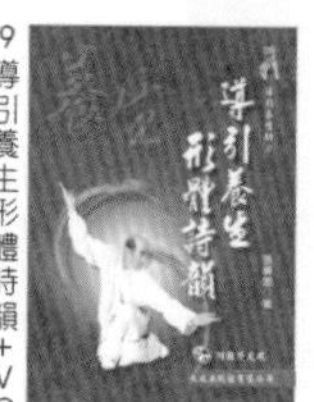
定價350元

10 四十九式經絡動功+VCD
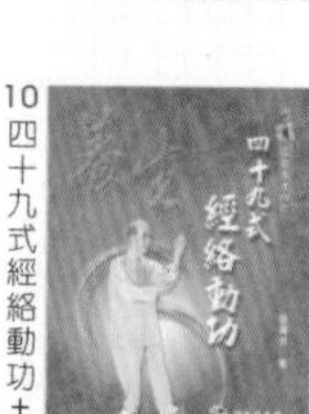
定價350元

張廣德養生著作　每冊定價 350 元

全系列為彩色圖解附教學光碟
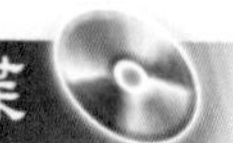

輕鬆學武術

1 二十四式太極拳+VCD
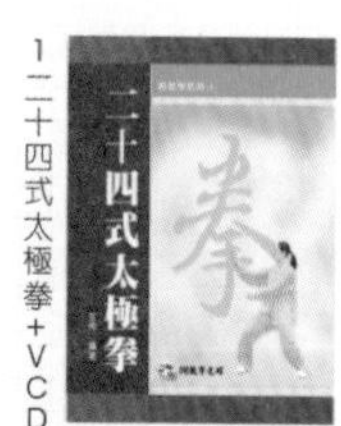
定價250元

2 四十二式太極拳+VCD
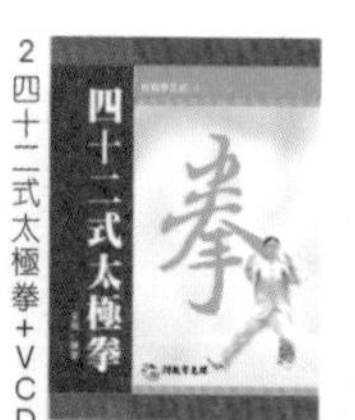
定價250元

3 八式十六式太極拳+VCD
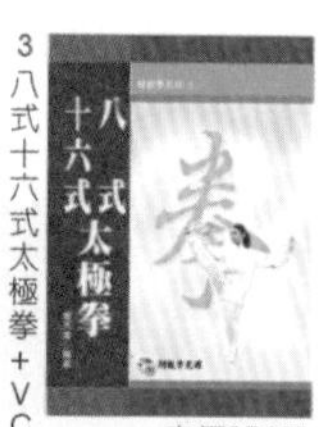
定價250元

4 三十二式太極劍+VCD
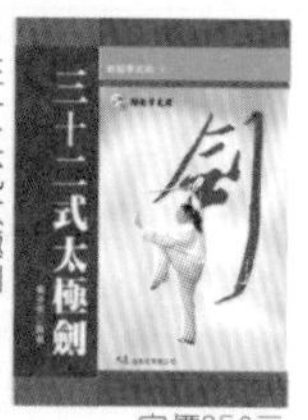
定價250元

5 四十二式太極劍+VCD
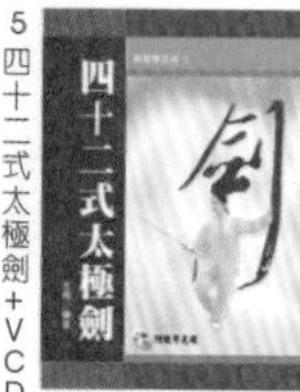
定價250元

6 二十八式木蘭拳+VCD
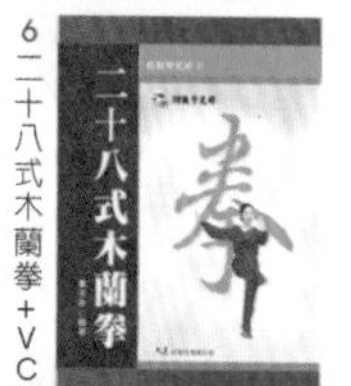
定價250元

7 三十八式木蘭扇+VCD
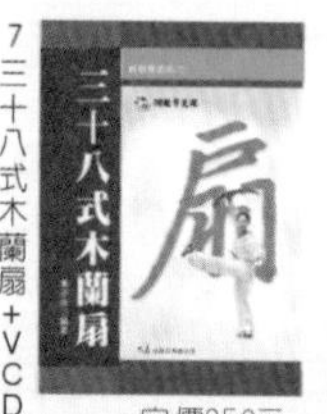
定價250元

8 四十八式太極劍+VCD
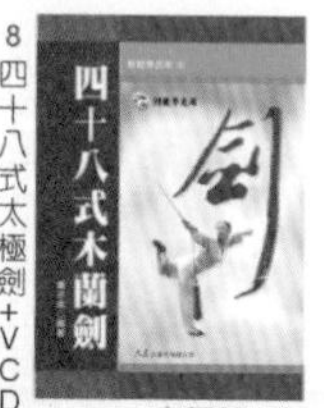
定價250元

彩色圖解太極武術

1 太極功夫扇

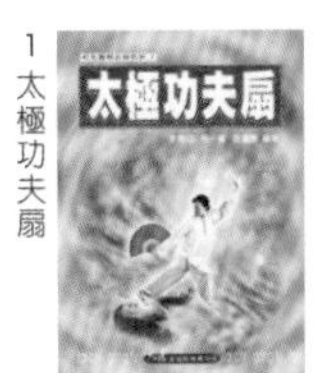

定價220元

2 武當太極劍

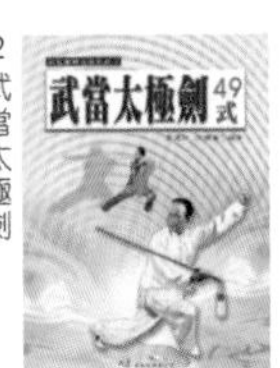

定價220元

3 楊式太極劍

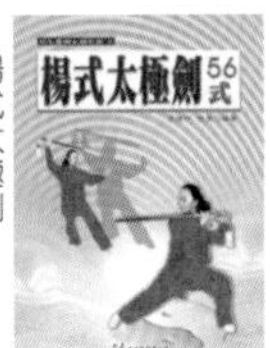

定價220元

4 楊式太極刀

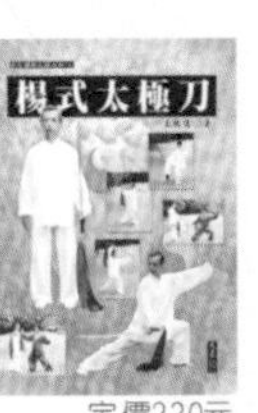

定價220元

5 二十四式太極拳+VCD

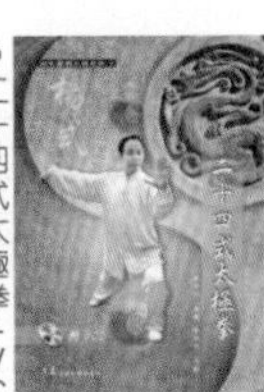

定價350元

6 三十二式太極劍+VCD

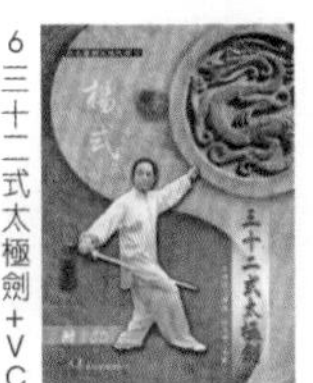

定價350元

7 四十二式太極劍+VCD

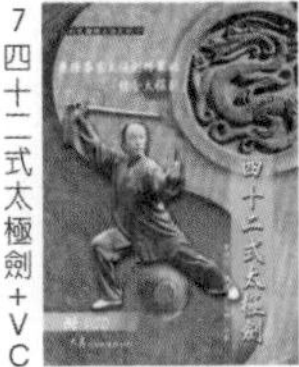

定價350元

8 四十二式太極拳+VCD

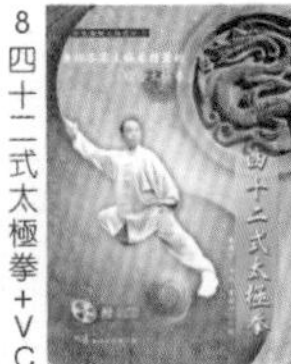

定價350元

9 楊式十八式太極劍 十六式太極拳

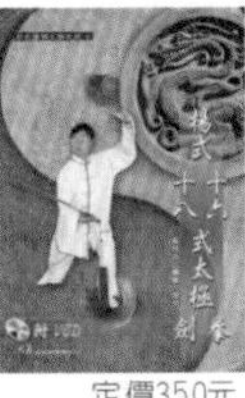

定價350元

10 楊氏二十八式太極拳+VCD

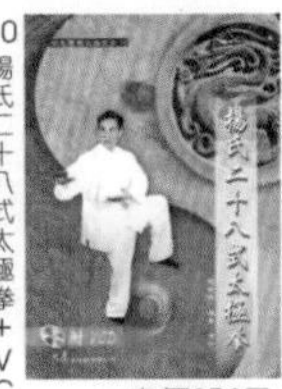

定價350元

11 楊式太極拳四十式+VCD

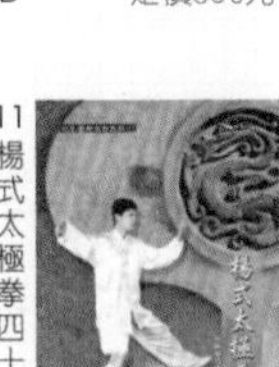

定價350元

12 陳式太極拳五十六式+VCD

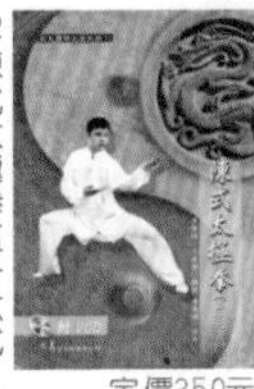

定價350元

13 吳式太極拳五十六式+VCD

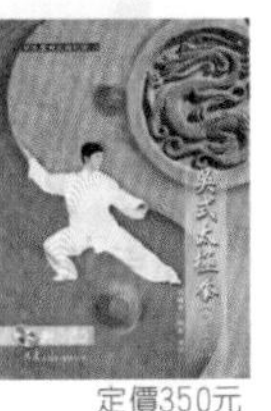

定價350元

14 精簡陳式太極拳八式十六式

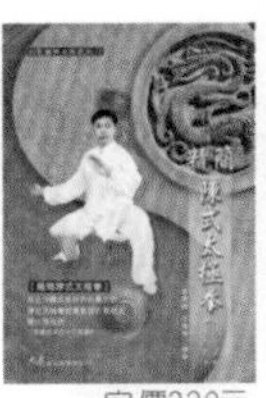

定價220元

15 精簡吳式太極拳三十六式 拳架・推手

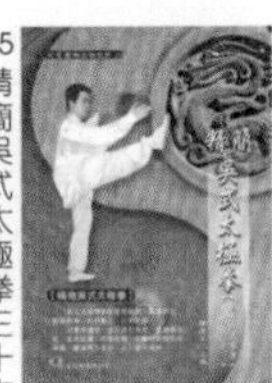

定價220元

16 夕陽美功夫扇

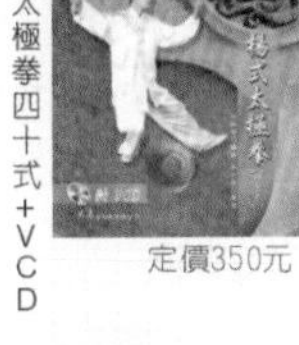
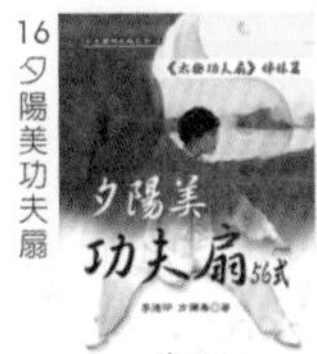

定價220元

17 綜合四十八式太極拳+VCD

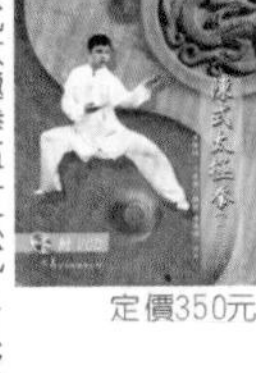

定價350元

18 三十二式太極拳 四段

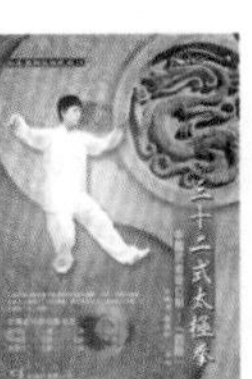

定價220元

19 楊式三十七式太極拳+VCD

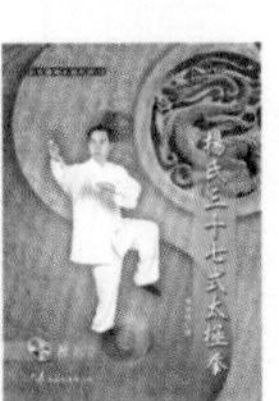

定價350元

20 楊氏五十一式太極劍+VCD

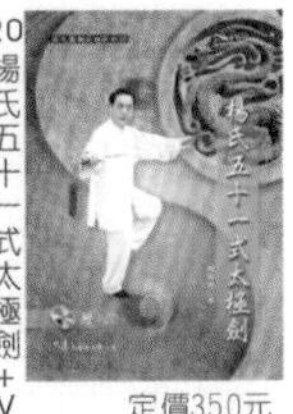

定價350元

21 嫡傳楊家太極拳精練二十八式

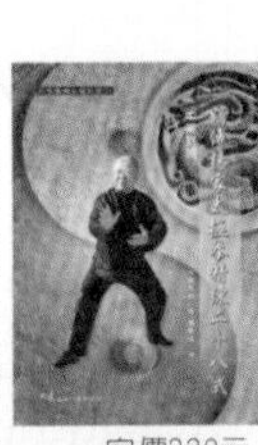

定價220元

養生保健　古今養生保健法　强身健體增加身體免疫力

1 醫療養生氣功
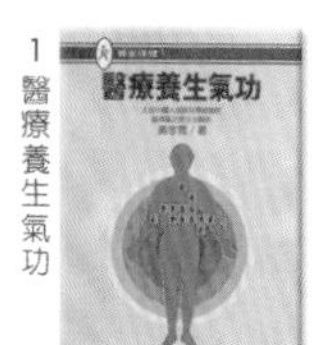
定價250元

2 中國氣功圖譜
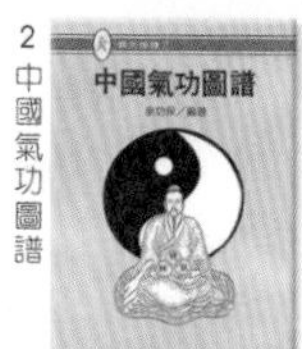
定價250元

3 少林醫療氣功精粹
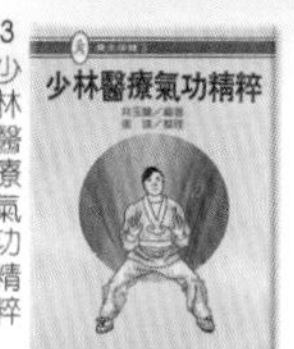
定價250元

4 龍形實用氣功
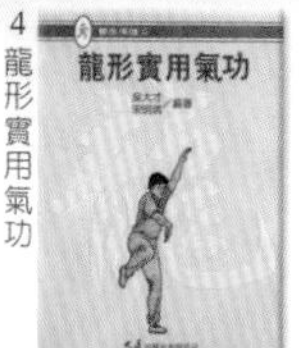
定價220元

5 魚戲增視強身氣功
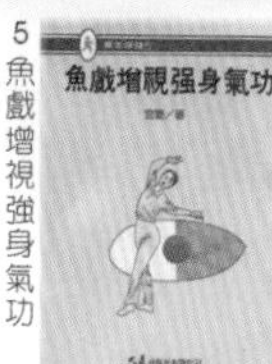
定價220元

7 道家玄牝氣功
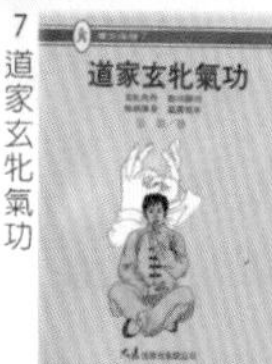
定價200元

8 仙家秘傳袪病功
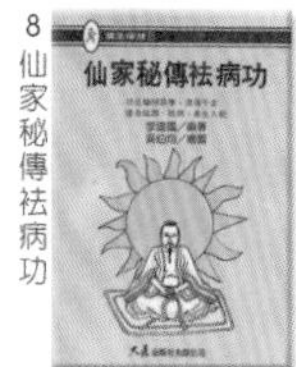
定價160元

9 少林十大健身功
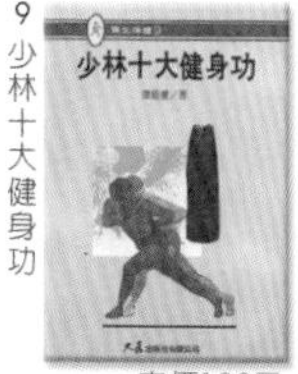
定價180元

10 中國自控氣功
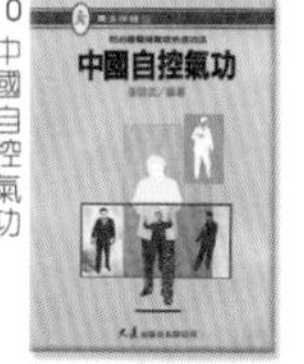
定價250元

11 醫療防癌氣功
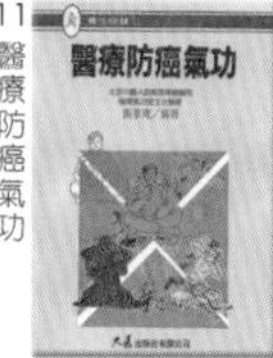
定價250元

12 醫療強身氣功
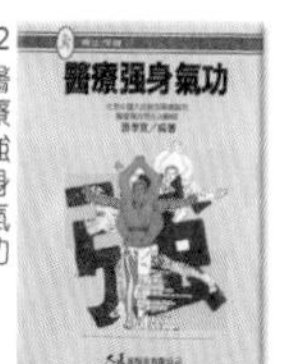
定價250元

13 醫療點穴氣功
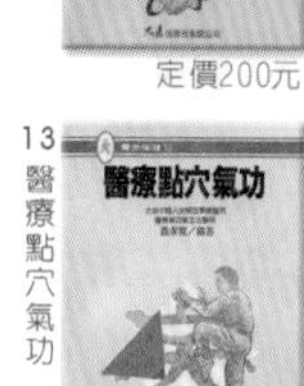
定價250元

14 中國八卦如意功
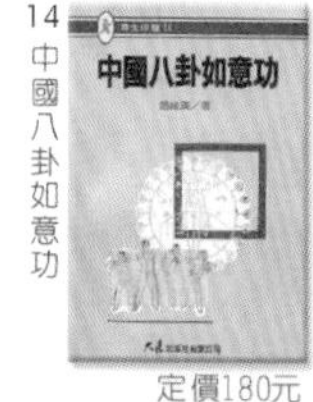
定價180元

15 正宗馬禮堂養氣功
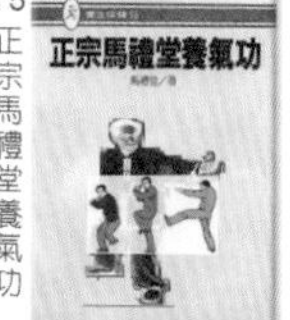
定價420元

16 秘傳道家筋經內丹功
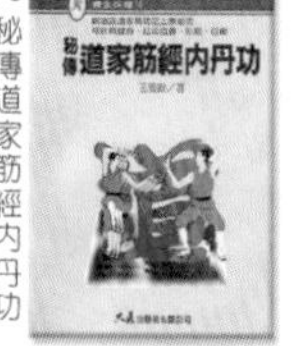
定價300元

17 三元開慧功
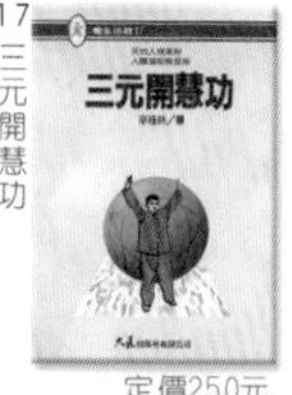
定價250元

18 防癌治癌新氣功
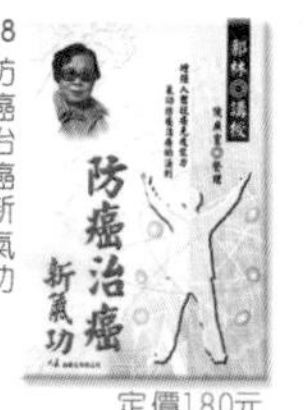
定價180元

19 禪定與佛家氣功修煉
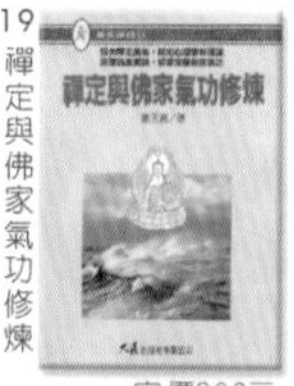
定價200元

20 顛倒之術
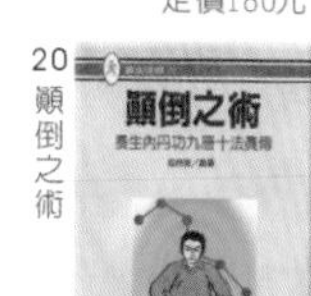
定價360元

21 簡明氣功辭典
定價360元

22 八卦三合功
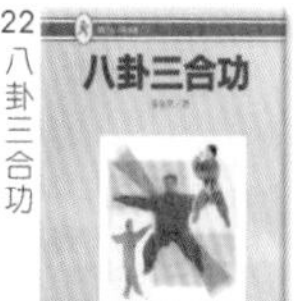
定價230元

23 朱砂掌健身養生功
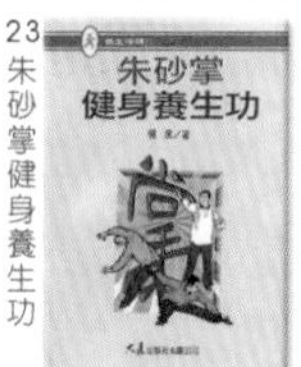
定價250元

24 抗老功
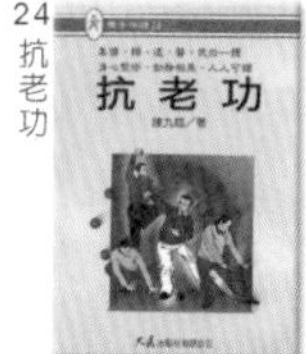
定價230元

25 意氣按穴排濁自療法
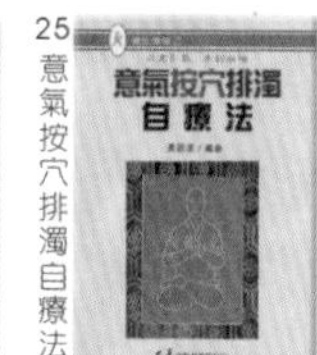
定價250元

27 健身祛病小功法
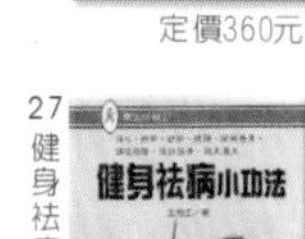
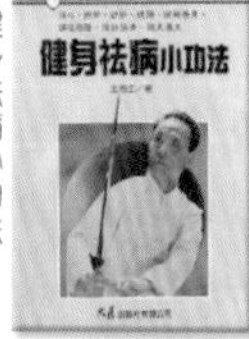
定價200元

28 張氏太極混元功
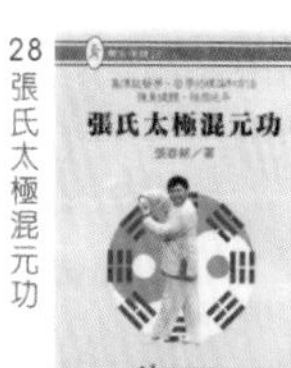
定價250元

30 中國少林禪密功
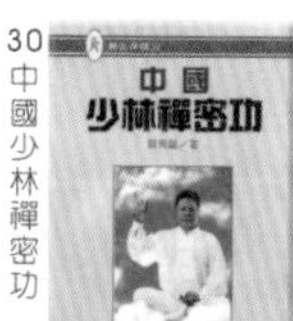
定價200元

31 郭林新氣功
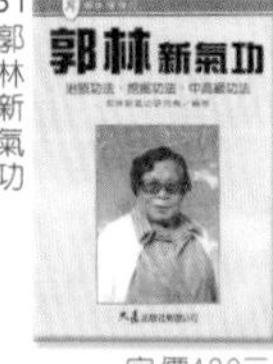
定價400元

32 八卦之源與健身養生
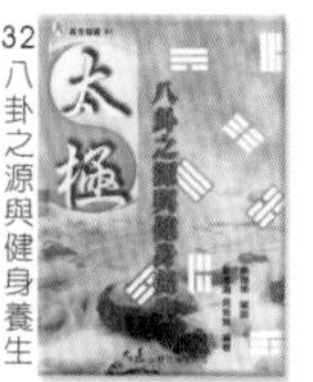
定價280元

33 現代原始氣功1
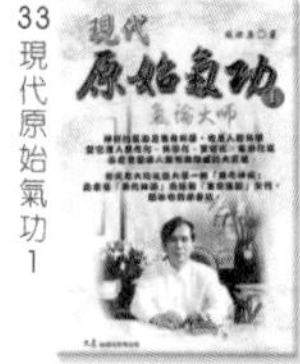
定價400元

34 養生開脈太極
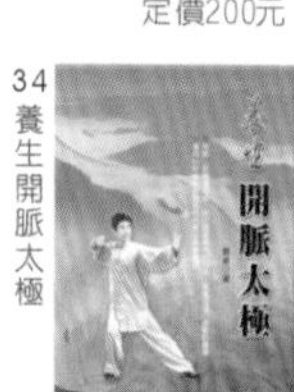
定價300元

35 通靈功一養生祛病及入門功法
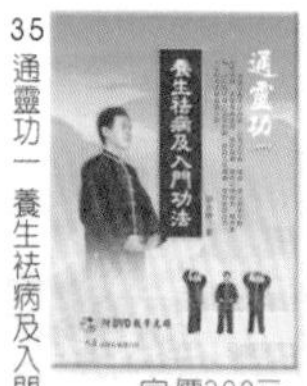
定價300元

37 太極內功養生法
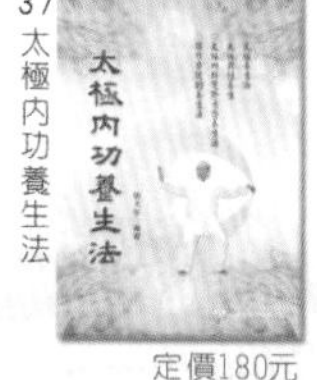
定價180元